清沢満之の宗教哲学

山本伸裕
Yamamoto Nobuhiro

筑摩選書

清沢満之の宗教哲学　目次

清沢満之の宗教哲学

はじめに

二〇〇一年に刊行された『現代語訳　清沢満之語録』（岩波現代文庫）の「あとがき」に、編訳者の今村仁司は、清沢満之《きよざわまんし》のことを「宗門内（東本願寺）ではウルトラ有名人、宗門外ではほとんど忘れられた思想家」と記している。本選書を手に取られた多くの方には既知の事実であろうが、半生を真宗大谷派（東本願寺）の一僧侶として生きた清沢満之は、当時のエリート知識人たちによって構成されるコミュニティー内では、近代日本の「知」の牽引者として大いに将来を嘱望されていた、知る人ぞ知る「思想家」でもあったのである。

ところで、近代日本の思想・哲学に関心を持つ好学者や読書子はさて措き、世間一般にはほとんど無名に近い近代日本の思想家について、多少なりとも予備的知識を有する人びとの間では、清沢の生涯の思想は、前期「哲学期の思想」と後期「宗教期の思想」とに大別され得るというのが長年の定説で、没後百年以上の時を隔てた今日でも、そうした基本的理解に大きな変化はないように思われる。そのあたりの事情は、没後百年を記念して、二〇〇三年に岩波書店から刊行された『清沢満之全集』第六巻の巻末に収められた「解説」の冒頭にある次の言葉からも、如実にうかがい知ることができる。

「清沢満之の仕事を、前期の哲学期と後期の宗教期に大きく二分できることは、異論のないところであろう。もちろんその二つの仕事が独立してあるわけではなく、前期の哲学期の学問は、やがて熟して後期の宗教的信念にまで具体化していくのである。……この第六巻は、清沢の後期の仕事の精華である宗教的信念の思想的表現を「精神主義」と名づけて収録したものである。」(『清沢満之全集』Ⅵ、岩波書店、二〇〇三年)四〇七頁。

私は、二〇一一年に上梓した『「精神主義」は誰の思想か』(法藏館)のなかで、従来の清沢満之理解の妥当性をめぐって批判的な検証を試みた。私が「定説」の妥当性を疑うようになったのはほかでもない。清沢のテキストを深く読めば読むほど、既存の理解の枠内にとどまっていては、その思想的意義を明らかにすることはできないといった思いを抱かざるを得なくなったからである。実際、「精神主義」と名づけられて唱道された「後期の宗教期」の思想的表現をめぐっては、そこにこそ清沢の「仕事の精華」があると高く評価されてきた一方で、「精神主義」の思想には戦時体制下の道徳を無批判的に肯定する道を開く原点があるとされ、そこに内包される致命的欠陥や限界性を指摘する声が根強く存在し続けてきたことも事実なのである[1]。

そうした両極端の評価が、清沢満之という思想家を日本近代思想史の表舞台に立たせることを難しくしてきた一つの要因となってきたことは否めない。しかしながら従来の「定説」に反して、生涯にわたって展開された彼の思想活動を間断のない一連のものと見ることができるとすれば、従来の景色が一変する可能性があることは想像に難くない。そもそも一人の人間の言動が傍目にはどれほど大きく変化したように映ったとしても、人格が入れ替わるなどといった驚天動地の出来事が起こったのでもない限り、架橋不能な思想的断絶があるとは考えにくい。だとすれば、前後期に区分できるという常識をいったん括弧に入れて、テキストを丁寧に読み込んでいく作業をつうじて、そこに通底する論理を明らかにし、生涯の思想を一連の思想運動全体の成果として捉え直すという仕事に正面切って取り組むことは、清沢研究に従事する者にとって避けて通ることのできない課題であるに違いないのである。

本書は、従来の「定説」の妥当性に対して根本的な疑義を呈した私自身に課せられた、積年の課題に対する挑戦として執筆されたものにほかならない。

本書は、「序論」、「本論」、「補論」の三部で構成される。

冒頭の「序論」では、清沢満之という人物の生い立ちや、長じて学究の徒となり、「宗教」をめぐる哲学的思索を展開するに至った時代的な背景などが論じられる。ただ、清沢の生涯に関してはこれまでもいくつかの書物が出版されており、ある程度基本的な知識を有する読者諸氏には、既知の事柄も少なくないと思われる。とは言え、時代的な背景を押さえたうえで個人の思想に向き合う姿勢は、その人物の思想を深く理解するためにも不可欠であると考えられる。どのような

思想であれ、時代状況と無関係に独自に展開されるというのは、事実上あり得ないことだからである。(2)

続く「本論」は、『清沢満之全集』全九巻（二〇〇二〜〇三年、岩波書店）、および『清沢満之全集』別巻Ⅰ、Ⅱ（二〇二〇〜二一年、岩波書店）に収録されている清沢満之のテキストのうち、宗教思想の根幹を探るうえで重要と思われる諸論の主旨を、私の視点でまとめたものである。(3)「本論」は、一、「教」（「宗教」に通底する基本的世界観）、二、「行」（「宗教」における「修行」の位置づけ）、三、「信」（「信仰」、「信心」とは何か）、四、「証」（「宗教」が目指す「さとり」とは何か）の四つの章から構成される。「本論」を、「教」、「行」、「信」、「証」の四章に分けたのは、浄土真宗の宗祖・親鸞が、自らが帰依した浄土教の核心（「浄土の真宗」）を、「教」、「行」、「信」、「証」の「四法」に着目して、主著『教行信証』を著したことに倣ってのことである。そうすることで、清沢満之の生涯にわたる宗教思想を一つの有機的な哲学体系として描き出したいというのが、私自身の目論見である。

最後の「補論」は、「本論」において示された清沢満之生涯の思想の見取図に沿って、後期の思想の精華とされる「精神主義」をめぐって指摘されてきた、いくつかの思想上の問題の核心に迫ることに主眼が置かれる。すなわち、清沢の「宗教哲学」の全体像と照らし合わせることで、従来指摘されてきた前・後期の思想間にある「断絶」を解消することが、「補論」の主たる目的なのだが、そのことでこれまで清沢の思想の評価を難しくしてきた根本要因がクリアになるだろうというのが、筆者の見立てなのである。

凡例

本書で使用する基本テキスト（清沢満之の著作）、およびサブテキスト（清沢満之以外の人物の著作等）は、脚注では以下のように略記される。

《基本テキスト》
『清沢満之全集』全九巻、大谷大学編、岩波書店、二〇〇二〜〇三年→〈岩〉
『清沢満之全集別巻』全二巻、大谷大学編、岩波書店、二〇二〇〜二一年→〈岩別〉
*脚注では、たとえば岩波書店刊行の『清沢満之全集』第六巻に収録された「仏教の将来（続）」に当該の記述内容が確認される場合、「仏教の将来（続）」（〈岩〉Ⅵ）と略記される。また、たとえば「〔転迷開悟録〕」中の第七節に「十月十三日夜青年会談信会に於て」というタイトルが付せられている場合には、七「十月十三日夜青年会談信会に於て」（〈岩〉Ⅱ）と表記される。

《サブテキスト》
『清澤滿之全集』全八巻、暁烏敏・西村見暁編、法藏館、一九五三〜五七年→〈法〉
『精神界（復刻版）』全二〇巻、法藏館、一九八六年→〈精〉
『澤柳政太郎全集』全十巻＋別巻、成城学園澤柳政太郎全集刊行会編、国土社、一九七五〜八〇年→〈沢〉
『暁烏敏全集』全二七巻＋別巻、涼風学舎、一九七五〜七八年→〈暁〉

＊脚注では、たとえば『精神界（復刻版）』第十四巻十一号に掲載された多田鼎「願はくば我が昨非を語らしめよ」に当該の記述内容が確認される場合、「願はくば我が昨非を語らしめよ」（〈精〉XIV－XI）と略記される。

序論　満之の生涯

Ⅰ　幼少年期

激動の時代

清沢満之（幼名満之助）は、幕末期の一八六三（文久三）年六月二十六日、尾張徳川家に仕える小録の藩士であった、父・徳永永則と母・タキの長男として名古屋黒門町に生まれている。戸籍上、徳永姓から清沢姓に変わるのは、一八八八（明治二十一）年に三河大浜（現・愛知県碧南市）の大寺、西方寺に婿入りして後のことである。

母のタキは熱心な念仏者で、聞法のため、幼な子を連れて近所にある真宗寺院（覚音寺、東本願寺＝現・真宗大谷派）に足繁く通っていた。そのため、幼くして満之は、親鸞の『正信偈』や蓮如の『御文』を読むなど、周囲の大人を驚かせていたという。

六歳の頃、生家近くの情妙寺（日蓮宗）内にあった寺子屋「不怠堂」に入り、はじめに「書」を、後になって「算術」の手ほどきを受けるようになったようだが、寺子屋でも大いにその才能を発揮した満之は、常に師匠に信頼され、師匠を補助して他の幼児に算術を指導するほどであったとも伝えられている。(4)

明治近代の日本人のなかでも、とりわけ強く時代の煽りを受けたのは、士族に属する人たちであった。江戸時代の末期から明治の初期にかけて、この国は世界史上にも類を見ないような激変の時代を経験した。旧体制下の日本社会で指導的な立場にあった武士たちの教養は、基本的に仏教や儒教を中心とした漢字文化圏のそれに依拠していたことに加え、江戸時代の長きにわたり、西洋諸国との交流がほとんどなされてこなかったという事情も手伝って、この時代の日本人にとって西洋に向き合うことは、異質の他者に向き合うことを意味したと言ってよい。

士族の子弟として生まれた我が子の行く末を案じた両親は、聡明な息子が勉学で身を立てていくことを希望したのであろう。九歳のとき満之は、「不怠堂」から発展した「第五仮義校」に入学している。一八七二（明治五）年八月に発令された「学制」に基づき、全国各地に点在した私塾や寺子屋の類が順次廃止され、就学年齢に達した児童に、一律に入学が許可される「小学校」の設立が奨励されることとなる。満之が入学した「義校（仮義校）」というのは、「小学校」設立までの移行期間に、地元の人びとの協力を得て運営された学校のことである[5]。

一八七四（明治七）年七月、二年間の初等教育を修了した満之は、尾張藩の「洋学校」の流れを汲む「愛知県外国語学校」に仮入学を許され、それから約半年後には、成績優等を理由に晴れて本入学を認められている。ちなみに約半年間、本入学が許可されなかったのは、就学年齢未達のためであった。

「愛知県外国語学校」は、全国に八校設立された官立の外国語学校のうちの一つで、満之の仮入学後ほどなくして「愛知英語学校」に改称されている。学校名が「外国語学校」から「英語学校」に変更されたのは、当時、外国語教育のなかで最も重視されたのが英語教育であったことと関係している。実際、「英語学校」に改称されて後は、普通科の学科は英米などから招かれた外国人教師により、英語で教授されるようになっている。

江戸時代に構築された幕藩体制下の惰眠状態から強制的に目覚めさせられた日本黎明期における喫緊の課題は、早期に富国強兵を実現させて、欧米の列強諸国と肩を並べられる国家体制を整えることにあった。そのためこの時期の国のリーダーたちは、そうした喫緊の課題に対応するためにも、西洋から多くの知識を吸収することが急務であると考え、政府の所轄下にあった東京大学の前身にあたる「洋学校」(「大学南校」)などの高等教育機関では、早い時期に教授言語が英語に限定されるなど、英語教育に力が注がれた。満之以降に生まれた世代で、近代的な教育を受けて成人した志ある日本人の多くが、積極的に外国語(英語)の習得に努めた背景に、そのような事情があったことは見過ごせない。

「愛知英語学校」でも、満之はその能力を遺憾なく発揮した。特に彼が得意していた科目は、英語と数学だったようである。だが「愛知英語学校」は、折からの財政難のあおりで、一八七七(明治十)年四月にやむなく閉鎖に追い込まれてしまう。学校が閉鎖されるにあたって、同校の英国人教授が頭脳明晰な満之を東京に連れて行こうと画策したようだが、息子を医者にしたいと考えた父はそのことに同意せず、学校が閉鎖された翌月には、早々と満之を西本願寺(現・浄土真宗本願寺派)名古屋別院内に設置された「洋医学校」(名古屋大学医学部の前身)に入学させている。ところが新設された「洋医学校」も、同年七月から半年間の休校措置が取られたために、満之はほとんどまともな教育を受けられぬまま、数カ月後には退学を強いられている。

高度な教育を受ける機会に恵まれず、先の見えない生活を送ることを余儀なくされた満之は、その後しばらくの間、「四書五経」などの儒書を繙く傍ら、近所の子どもたちを自宅に集めて英語などを教授していたようである。

だが、ほどなくして転機が訪れる。幼少時から満之の聡明さをよく知る幼馴染、覚音寺の小川《おがわ》空恵《くうえ》からの「医者も僧侶もほぼほぼ相似たり。今後僧侶となり、育英教校に入り勉学するに如くはなし」[6]といった勧めもあって、一八七八（明治十一）年の春に、彼は真宗僧侶として得度するとともに、東本願寺が本山のある京都に設立した「育英教校」に入学を果たしている。

端境の世代

幕末期から明治初期の日本に「近代」の精神が広く浸透していく過程で、新たな時代への対応を強く迫られたという点では、仏教界も例外ではなかった。

京都の仏教界の僧侶たちのなかには、幕末期の一八六〇年代前半から明治維新前後にかけて自ら「耶蘇探偵」と称し、長崎方面に密行・遊学する者がいたと言われる。東本願寺の僧侶では、後に「育英教校」の設立を主導するなど、江戸期をつうじて固定化された寺務制度の改革において八面六臂の活躍を見せる石川舜台《いしかわしゅんたい》（一八四二〜一九三一）なども、「耶蘇探偵」として一時期、長崎に潜伏していたようである。

一連の討幕運動を経て樹立された新政府は、一八六八（明治元）年に、儒学、国学、復古神道の動きなどに呼応するかたちで、いわゆる「神仏判然令（神仏分離令）」を発令する。このことは、日本の仏教界を大きな試練に立たせる引き金となった。と言うのも、明治初頭に日本各地で「廃仏毀釈」の嵐が吹き荒れ、幕藩体制の下に胡坐をかいてきた仏教界は民衆からの激しい突き上げを食らうことになったからである。わけても東本願寺は、幕末期に宗門が佐幕派を支援したという事情もあって、日本仏教界の一大勢力でありながら新政府から冷遇されるのではないかとの懸念を、どの宗派よりも強く抱いていたことは想像に難くない。

満之が入学を果たした「育英教校」は、そうした危機感から、当時、他の宗派に先駆けて新たな時代に順応できる僧侶の育成に力を入れていた東本願寺が、寺族の子弟に限らず、全国津々浦々から有為な若者を発掘して、近代的な高等教育を施すことを目的として設立された学校であった。東本願寺の僧侶となることを条件に「育英教校」に入学した満之は、実に伸び伸びと心置きなく勉学に打ち込める環境に身を置くことができた。[7] そうした機会を自分に与えてくれた宗門に対する思いを、彼は後に次のように吐露している。

「人というのは、恩義を感じるものである。いわゆる「四恩」を説く人は多い。だが、その有難味を解し、これに報じようと思う人は、必ずしも多くはない。人であるにもかかわらず、他より受けた恩を解せず、あるいは、恩を解しても、それに報いようと思いが到らない者は人とは言えない。自分は、国家の恩、父母の恩は言うまでもなく、身は俗家に生まれ、縁あって真宗の寺門に入り、本山の教育を受けて今日に至る者である。この点において、自分は篤く本山の恩を思い、その報恩の道を尽さずにはいられない。(8)」

この言葉の端々に滲み出ているのは、名古屋の地に埋もれかけていた自分を拾い育ててくれた宗門の恩義に何としても報いたい、報いなければならないといった、士族の子らしい義理堅い思いであろう。現に、齢十四にして宗門の人となって以降に注がれる熱意の大半は、宗門学事の改革の事業に向けられていくことになるのだが、ここで注目されるのは、幕末期に生を受けた満之が、近代的な教育を施されて成人した日本人の第一世代にあたるという事実である。

就学年齢に達するまでは、寺子屋などで漢字文化圏の教養を基礎とした教育を施され、就学年齢に達して以降は、近代的な教育を受けて育った満之の世代の日本人は、伝統思想の残香のなかで、外来思想の新たな価値にも触れることができたという点で、日本の歴史上、特筆すべき世代と位置づけることができる。そうした「端境の世代」に属する日本人の生年は、広く見積もって、満之が生まれた一八六三年の前後、約三、四年程度であると想定されるが、その意味で彼はまさに「近代の申し子」であったと言ってよい。(9)

新たに突きつけられた時代の課題を意識して社会の礎を築くことに尽力したのは、「端境の世代」の親にあたる世代の人びとであった。しかし、たとえば満之と同年生まれで、ジャーナリストとして名を馳せた徳富蘇峰《とくとみそほう》（一八六三〜一九五七）が『新日本之青年』という書物のなかで、近代黎明期の日本社会を牽引した指導者たちを「天保の老人」と呼んで揶揄したように、どれほど先進的な思想の持ち主であったとしても、前時代の教育を受けて育った世代の人びとにとって、新時代の諸課題に柔軟に対処することは並大抵のことではなかったのである。

満之や蘇峰ら、日本で初めて近代的な教育を受けて育った世代の人びとが社会の中枢で活躍するようになるのは、明治中期以降のことである。実際、「端境の世代」に属する日本人のなかには世界を股にかける活躍をした人物が少なからず存在する。無教会派キリスト教の伝道者の内村鑑三《かんぞう》（一八六一年生まれ）しかり、農政学者の新渡戸稲造《にとべいなぞう》（一八六二年生まれ）しかり、美術史家の岡倉天心《おかくらてんしん》（一八六三年生まれ）しかり、博物学者の南方熊楠《みなかたくまぐす》（一八六七年生まれ）しかりである。彼らの間に見出される共通点は、要するに前近代の日本社会に培われた教養をバックボーンに持ちながら、グローバルに通用する論理的思考力、言葉の力をも持ち合わせていたということであろう。

彼ら「新日本の青年」たちと、それ以前の世代の日本人のものの見方の間に横たわる溝は、たとえば仏教の思想に強い関心を寄せていた南方熊楠が、真言宗の僧侶で仏教学者の土宜法龍《どきほうりゅう》（一八五四年生まれ）に宛てた手紙のなかで、土宜の発想を歯に衣着せぬ物言いで批判しているあたりにも見て取れる。

南方熊楠と言えば、明治中期に在野の学者として単身イギリスに渡り、権威ある科学雑誌『ネイチャー』に、単著としては歴代最高となる五十一本の論文が掲載されるなど、日本が世界に誇る「知の巨人」として知られる人物だが、その研究活動の領域は、明治政府が推進した神社合祀政策に反対して「鎮守の森」の保全を訴えるなど、民俗学、宗教学の分野に至るまで多岐にわたっている。一方、高野山学林長や高野山真言宗の管長なども歴任している土宜もまた、近代日本の仏教界を代表する開明的指導者の一人であったことは確かである。そのような人物に対して熊楠が差し向ける批判は、ここでは「西洋には人物多し」と言いながら、西洋の科学や哲学を「たすけ」としようとしない守旧的態度であった。現に彼は、土宜との往復書簡のなかで、「煉化の秘法」だ、「理外の理」だなどと自家撞着の言をもって仏教を論じ、経典の文言を引用しては、それを証として「何か大発明でもした」かのように悦に入っている土宜の姿勢に、「もっともあきれ入る」などと痛烈な批判の言葉を投げかけていたりもする。[10]

仏教界の動向

では当時、日本の仏教界を牽引する立場にあった人びとは、激動の時代にいかなる姿勢で臨もうとしたのか。そこでまず、東本願寺を除く、日本の主要な仏教各派の動向について、簡単に触れておきたい。

かである。

〈浄土教系〉

浄土真宗の一派で、日本仏教の諸宗派のなかで最大勢力を誇る西本願寺は、東本願寺とは対照的に、幕末期に倒幕派を支援したこともあって明治新政府とは良好な関係にあった。とは言え、西本願寺にしても、「廃仏毀釈」や仏教界の萎靡不振に対し強い危機意識を抱いていたことは確かである。

明治初頭に吹き荒れた「廃仏毀釈」の嵐のなか、宗門の近代化事業に積極的な取り組みを見せた人物としては、島地黙雷《しまじもくらい》（一八三八～一九一一）や赤松連城《あかまつれんじょう》（一八四一～一九一九）などの名前を挙げることができる。実際、島地と赤松は、一八七二（明治五）年に明治新政府がヨーロッパに派遣した「岩倉使節団」と歩調を合わせるかたちで、西欧視察を実施している。

また、「廃仏毀釈」の法難からは少々時代は下るが、一八八六（明治十九）年には、その前年に西本願寺に設立された「普通教校（現・龍谷大学）」の学生有志が、禁酒と綱紀粛正とを目的とした修養団体「反省会」を組織して宗門内部からの改革を試みるなど、自主的な活動が展開されていたりもする。(11) 僧侶の肉食妻帯蓄髪等の自由を認める太政官布告が出されたのは、一八七二（明治五）年四月のことである。それから十数年の時を経て「反省会」が組織された背景に、時代の流れのなかで僧侶の風紀の乱れが一段と進み、人心の仏教離れに拍車がかかることへの強い懸念があったことは間違いない。(12)

さらに浄土宗に目を転じれば、「神仏判然令」や「廃仏毀釈」のために混乱した日本の仏教界を指導するなど、「明治第一の高僧」とも称された福田行誡《ふくだぎょうかい》（一八〇九〜八八）の活躍が注目される。福田は一八六九（明治二）年に、他宗派の僧侶らと「諸宗同盟会」を組織し、仏教の復興（排耶）に力を尽したほか、「福田会孤児院」を設立するなどして仏教思想に基づく社会福祉活動に積極的に取り組んだ人物としても知られている。

〈密教系〉

密教系の宗派である真言宗の近代初期の動向を語るうえでまず注目されるのが、雲照《うんしょう》律師（一八二七〜一九〇九）の「戒律復興運動」であろう。明治期に雲照律師が「戒律」の復興を唱える活動を大々的に展開した背景に、江戸時代後期に「十善戒」を宣揚した慈雲《じうん》尊者（一七一八〜一八〇五）の存在があったことは事実である。「十善戒」とは、「不殺生戒」、「不偸盗戒」、「不邪淫戒」など、仏教における十の「善業」の実践を人びとに奨めるものだが、そうしたシンプルで実践しやすい「十善戒」の遵守にこそ、近代日本国民の道徳的退廃を糺す道があると雲照は考えたのである。

高野山で真言密教を学んだ雲照律師は、一八七四（明治七）年以降、活動の拠点を新都・東京に移して様々な運動に取り組んでいる。なかでも、一八八七（明治二十）年に戒律主義に基づく仏教再興運動を展開すべく、東京目白の地に戒律学校の「目白僧園」を創設していることは注目に値する。雲照が主導する「戒律復興運動」が、この時代に大きな影響力を持ち得たことは、伊《い》藤博文や山縣有朋、大隈重信などといった政界の大物をはじめ、皇族や財界の重鎮など、名だたる人物が雲照に教えを請うていることからもうかがうことができる。(13)

〈禅宗系〉

禅宗系統の僧侶で、仏教の近代化に貢献した一人傑として第一に名前が挙がるのは、原坦山《はらたんざん》(一八一九~九二)であろう。もともと儒者であった原は、仏教僧との論争に敗れたことを契機に曹洞宗の禅僧に転身した異色の経歴の持ち主でもあるのだが、そうした姿勢には、私心なく論理に寄り添おうとする学的精神の片鱗を見ることができる。禅僧となって後も、真理を探究せんとする原坦山の姿勢は少しも変わることがなく、医学や解剖学などの実証実験に強い関心を示すなど、その思想の遍歴には、明治前期の宗教界で活躍した人物としては極めてユニークなものがある。

一八七七(明治十)年に東京大学が創設されると、原は「印度哲学」の講師として東大に招かれ、約十年にわたって教壇に立ち続けている。ちなみに、「印度哲学」という名称の生みの親は原であったと言われる。「仏教」をはじめとしたインドの諸思想も、西洋の思想と同様に、「哲学」として扱われてしかるべきだとの確たる信念が原にはあった。「仏教」は、人びとを救済するための「行」ないしは「実践」であって「哲学」ではないといった見方は、今日でも根強くある。だが原坦山に言わせれば、「実践」だけあって「哲学」を欠く仏教というのは闇夜に鉄砲を稽古するようなもので、仏教も科学的に研究されなければ、西洋の学問に圧倒されるというのが、彼の一貫した主張だったのである。

ところで、一八七四（明治七）年八月に、『報四叢談』という雑誌が刊行されている。この雑誌には原坦山のほか、島地黙雷など西本願寺を代表する僧侶（学僧）や、石川舜台や渥美《あつみ》契縁《かいえん》（一八四〇～一九〇六）など東本願寺を代表する学僧たちも、随時、寄稿しているのだが、当時の日本仏教界を代表する「開明派」の僧侶たちを宗派の枠を超えて団結させるべく東奔西走したのが、仏教学者の大内青巒《おおうちせいらん》（一八四五～一九一八）であった。大内は最初、曹洞宗の禅僧として出家し、原坦山や福田行誡などに仏教を学んだ人物で、後に禅仏教と浄土仏教（浄土教）の一致を主張して還俗し、居士（在家仏教者）となっている。

また禅宗系統の僧侶では、臨済宗の今北洪川《いまきたこうせん》（一八一六～九二）の存在も大いに注目されてよい。彼もまた、明治の初期に「廃仏毀釈」の思想に対抗すべく「儒仏一致」を主張するなど、日本を代表する開明派僧侶の一人であった。

一八一六（文化十三）年に摂津国（大阪府）に生まれた今北は、幼くして儒学の門を叩いている。だが、万巻の書を暗記することに飽き足らず、二十五歳の時に京都の相国寺に身を投じて仏門に入り、一八六三（文久三）年には、禅仏教の立場から儒仏の調和を説く『禅海一瀾』を著すなど、宗教の枠に縛られない自由な発想で独自の思想を展開している。一八七五（明治八）年には、鎌倉・円覚寺の管長となり、臨済宗大教黌長も兼ねているが、その間、禅による「修養」の門戸を一般人にも広く開放するなど、新時代に即した禅の基礎を構築したという点で大きな役割を果たしたことは間違いない。

今北洪川の法嗣には、禅（ZEN）を欧米に広めた釈宗演《しゃくそうえん》（一八六〇〜一九一九）や、釈宗演から「大拙」という居士号を与えられた鈴木貞太郎《すずきていたろう》（一八七〇〜一九六六）など、世界的にも高く評価される仏教者がいる。そうした傑物が臨済宗から輩出されたのも、今北の先進的な取り組みによるところが大きかったと考えられる。

なお、修養の道を求めて円覚寺に参禅した一般人には、東京大学文学部時代の満之の学友の沢《さわ》柳政太郎《やなぎまさたろう》や日高真実《ひだかまさね》のほか、文学者として名高い夏目漱石《なつめそうせき》や、鈴木大拙の友人で、日本を代表する哲学者の呼び声の高い西田幾多郎《にしだきたろう》などがいる。

ともあれ、今北洪川によって開かれた禅の門戸が、明治中期以降の日本社会の屋台骨を支えることになるエリート層を中心に、少なからぬ思想的影響を与えたことは事実として大いに注目されてよい。(14)

Ⅱ　東本願寺の改革

護法意識の高まり

幕末から維新期にかけて、前途多難な状況に直面させられた仏教界のなかでも、最も積極的な動きを見せたのが東本願寺であった。

一八六八（慶応四）年、東本願寺は真宗僧侶のための宗門の教育機関として設置されていた「高倉学寮」内に、新たに「護法場」を開設している。「護法場」では、「総轄」を務めた学僧の闡彰院空覚《せんしょういんくうがく》（一八〇七〜七一）を中心に漢訳聖書が講じられたり、ピューリタン文学を代表する寓意物語『天路歴程』などが講読されたりするなど、近い将来仏教者の前に立ちはだかるであろう耶蘇教（キリスト教）の研究なども、積極果敢に行われた。そこには、耶蘇教という「異質の他者」の手の内を知ることで、迫りくる荒波のなか、仏法と教団を護り抜きたいとの東本願寺宗門の強い危機意識を見て取ることができる。

だが、「護法」の動きをめぐって東本願寺は、決して一枚岩ではなかった。宗門内には、革新派が主導する「護法」のための新たな学問的な取り組みや、前時代の寺務制度を刷新せんとする機運の高まりをよく思わない人びとも少なからず存在したのである。そうした状況下で闡彰院率いる革新派は着々と改革を推し進め、一八七一（明治四）年十月一日には、かねてより腐敗の温床と見なされてきた「坊官制度」を廃止して「寺務所」を設置するなど、新たな制度を発足させている。

「寺務所」の新設に際して、闡彰院に近かった石川舜台、渥美契縁、神守空観《かもりくうがん》（一八一九〜九〇）の三人の学僧が、寺務運営の実務を担う「議事」に推挙されている。ところが、東本願寺の寺務体制が刷新されてからわずか二日後に、「護法場」の「統括」を務めていた闡彰院が京都市中で何者かに斬殺されるという血なまぐさい事件が勃発している。

東本願寺の寺務改革に向けた動きは、闡彰院という実力者を失ったことで一気に勢いを失うかに思われた。だが、そこに革新派の新たな旗手として浮上し、寺務改革を取り仕切る実務家として大いにその辣腕を振るったのが、石川舜台と渥美契縁という二人の若き学僧であった。

学僧・石川舜台

闡彰院亡き後の改革の取り組みにおいて、なかでもとりわけ教育改革事業推進面での石川舜台の活躍には、瞠目すべきものがある。(15)

石川が京都の「高倉学寮」に入ったのは、一八六二(文久二)年、二十一歳のときである。当時の「学寮」で最も急進的で、かつ実行力も持ち合わせていた闡彰院のもとには、志ある少壮の学僧たちが全国各地から参集した。そのなかにあって、めきめきと頭角を現した石川は、入寮からわずか二年後の一八六四(元治元)年には、早くも「学寮」で仏教の概説書の一つである『原人論《げんにんろん》』を講じることを許されている。

『原人論』という書物は、唐代の僧で中国華厳宗の第五祖とされる圭峰宗密《けいほうしゅうみつ》(七八〇~八四一)が、「華厳」の哲理に基づき人間の本源(原)の究明を試みた論書で、儒、仏、道の「三教融合」の思想が展開されているという点に、その顕著な特徴を指摘することができる。そうした性格を有する書物が「学寮」で講じられた背景には、真宗教学という狭い枠組みにとらわれることなく、大局的な見地から「宗教」の存在意義を問い直したいといった石川個人の思いとともに、時代を先取りした東本願寺の学僧たちの間で共有されていた意識の先進性を見て取ることができるであろう。

　彼らの先進的な意識は、明治の初年に「護法場」で取り組まれた耶蘇教研究からもうかがうことができる。もっとも、「護法場」での耶蘇教研究の取り組みは、漢訳された『聖書』に基づくもので、厳密な意味で「学問研究」と呼べるレベルのものではなかった。そうした状況を鑑みてか、石川舜台は一八六九（明治二）年に、出身地である金沢に「慎憲塾」という私塾を開設し、大胆にも英語で講義を行うことを試みている。そうした行動に彼を駆り立てたのは、ほかでもない。「護法」という大目的が首尾よく果たされるには、僧侶たちが西洋の言語を習得したうえで西洋の「学問研究」の手法を身につけ、世人に「廃仏毀釈」の不可なることを普遍的な道理として示す必要があると考えたからである。[16]

　ともあれ、時代の先を見据えた東本願寺の改革の事業が、石川生来の実行力のうえに学問上の意識の先進性が付け加わることではじめて断行されるに至ったことについては、争う余地がないであろう。

改革の旗手

　また、明治維新を機に政治権力の後ろ盾を失った東本願寺にとっては、学問上の改革と並んで政界との結びつきの回復に努めることも、急務の課題であったと言える。

一八七二（明治五）年三月、石川舜台は、後に彼と並ぶ二巨頭として東本願寺の寺務を取り仕切ることになる渥美契縁を含む四人の僧侶とともに、改革推進を任務とする「改正掛」に任命されている。

彼らが「改正掛」に任命されたのは、長州（山口県）出身の政治家で、当時京都府知事として「廃仏毀釈」を推し進めていた槇村正直《まきむらまさなお》（一八三四～九六）による東本願寺寺務体制の改革勧告があったことと大いに関係している。宗門内には、依然、改革の動きに反対する勢力が存在していた。だが、東本願寺が新政府の要人から直々に体制改革の勧告を受けたことは、改革派にとってみれば政治権力の強力な後ろ盾を得たも同然であった。以降、東本願寺の寺務改革は世俗の権力を巧みに取り込むかたちで、随時、断行されていく。

そうした追い風のなか、石川は直ちに思い切った行動に打って出る。「改正掛」に任命されてから約半年後の明治五年九月、彼は海外の宗教事情を視察すべく、「新法主」の大谷光瑩《おおたにこうえい》（一八五二～一九二三）を引き連れて欧州密航を決行しているのである。ちなみに、ここで「密航」という表現を用いたのは、身の安全の保障されない異国の地に「皇嗣」に相当する「新法主」を連れ出すというのは、当時としては大胆かつ非常識この上ない行為であったと言ってよいからである。

一年弱の洋行の間、東本願寺の視察団一行は、島地黙雷や赤松連城ら、一足先に欧州に渡航していた西本願寺の僧侶をはじめ、岩倉具視《いわくらともみ》、大久保利通《おおくぼとしみち》、木戸孝允《きどたかよし》、伊藤博文など、政府の要人ともしばしば会談する機会があったようである。ともあれ、石川はそうした人的交流をつうじて、幕末期に失われた政治権力者との関係の修復に努めることで、宗門の基盤をより堅固なものにしていったと考えられるのである。

もっとも、石川舜台が様々な局面でその政治的手腕を遺憾なく発揮できたのは、学識に裏打ちされた先見の明があったからだというのは忘れてはならない。翺彰院門下の学僧であった石川が、欧州視察を経験して改めて痛感させられたのは、語学の習得がいかに大事であるかということであった。そこで彼は、帰国するとすぐに宗門内に「翻訳局」を設けて、局員にサンスクリット語、ベンガル語、リグヴェーダ、シバ経、イエス伝、ローマカトリック教沿革史、キリスト教諸派沿革史、キリスト教諸派大意集、モルモン史など、横文字の書物の訳出・翻訳にあたらせるという事業に着手している。

さらに彼は、新時代に対応できる僧侶を養成するための教育機関として、「育英教校」、「教師教校」、「大教校」、「中教校」、「小教校」の五種の学校を開設するなどしている。このうち、最上位の学校として位置づけられる「育英教校」からは、満之をはじめ、稲葉昌丸《いなばしょうがん》（一八六五〜一九四四）、今川覚神《いまがわかくしん》（一八六〇〜一九三二）など、その後、四半世紀の時を経て東本願寺の革新運動を主導することになる人士が数多く輩出されている。「育英教校」では、本宗学（真宗学）、余宗学（真宗以外の仏教学）、印度学、宗教学だけでなく、漢学、国学、英学、仏学、数学、理学、政法学など、多岐にわたる科目が教授された。その充実ぶりは、現在の大学（University）と比べても、ほとんど遜色ないものであったと言っても過言ではない。そのこと一つをとっても、石川の教育に対する思い入れの強さを推し量ることができるであろうが、さらに驚くことに「育英教校」の生徒には、石川舜台の月給と同じ月額五円が給付されていたというのである。

宗門の命運は学事の興廃如何にかかっているとの信念は、生涯少しも揺らぐことがなかった。そのため彼は、寺の子弟でなくても、有為な若者がいれば積極的に宗門に引き入れて高度な近代教育を施し、立派な「学士」を育てていく必要があると考えていた。郷里の名古屋でくすぶっていた下級士族の少年が東本願寺に見出され、「育英教校」で学ぶとともに、その後の人生を真宗僧侶として歩むことになった背景に、そうした石川の目論見があったことは間違いない。約言すれば、新時代の荒波のなか、石川舜台が教団生き残り策として構想した様々な事業の遂行を近未来の「学士」（「哲学士」）として託された若者の一人が、江戸時代の末期に武家の子として尾張名古屋の地に生まれ、近代的な高等教育を受けて育った満之だった、ということである。

政策の転換

ところが、満之が宗門人としての第一歩を踏み出そうとした矢先に、それまで闡彰院亡き後の寺務改革を主導してきた石川は、自身が起こした傷害事件のために失脚するという憂き目に遭っている。

事件の顚末はこうである。一八七八（明治十一）年一月十日、十余名の同志らと新年の祝宴を催していたところ、渥美契縁の実弟の渥美契誠《かいじょう》が、突如宴席に闖入し、酔いを装って、石川舜台のことを口汚く罵った。それに激昂した石川が渥美契誠を殴打・負傷させたことで警察沙汰となり、禁獄三十日に処せられることになったのだが、この出来事の背景に、同じく闡彰院の門下で、寺務所が新設された折には三人の「議事」の一人に任命されはしたものの、常に石川の後塵を拝してきた渥美契縁との間の確執があったことは、容易に想像がつく。

石川をはじめ事件に関与した寺務員は、翌月の十三日に、宗門から全員、懲戒免職の処分を受けている。石川派の一掃に成功した渥美契縁は、寺務の実権を手中に収めるやいなや、学事重視の政策のために傾いた財政の再建に乗り出すと同時に、石川政権下で進められてきた数々の政策の転換に着手する。宗門学事をめぐり、最初に着手されたのは「教師教校」内に設置されていた「仏蘭西学科」の廃止であった。この決定に伴い、当学科に在籍していた生徒たちは「英学科」への転科を余儀なくされている。その後、渥美政権下の東本願寺では、緊縮政策推進という大義名分のもと、順次、学事施設の統廃合が進められていくことになる。

そうした学事縮小の施策のあおりを受けたという点では、「育英教校」も例外ではなかった。東本願寺宗門は、「育英教校」（一八八〇年に「上等普通教校」に、その翌年には「上等教校」に改称されている）内に設置されていた「英学科」を廃止するにあたって、成績優秀な生徒のうち数名を選抜して東京に留学させるという決定を下している。その際、本山給費生として東京に送り出されたのが、徳永(清沢)満之、沢辺(稲葉)昌丸、柳祐久(生年不詳~一八八六)の三人であった。

満之ら、「育英教校」の生き残りが東京留学の命を受けたのは、一八八一(明治十四)年十一月十九日のことである。選抜された三人の生徒のうちでも最も成績の良かった満之は、翌年一月に「大学予備門」(後の第一高等学校、現在の東京大学教養学部)第二級(年限三年の第二学年)に、稲葉と柳の二人も同年七月に「大学予備門」第一級(年限三年の第一学年)に入学を許され、その後、満之は東京大学文学部に進んで「哲学」を、柳も文学部に進んで「歴史」と「国文学」を、稲葉は理学部に進んで「動物学」を修めている。なお、彼らよりも一年早く本山から東京に派遣されていた今川覚神は、小石川の「同人社」を経て東大理学部に「選科生」として入学。また、今川に少し遅れて東京留学を命じられた柳祐信《やなぎゆうしん》(生没年不詳、柳祐久の兄)は、芝の「慶応義塾」に学んでいたりもする。

本山給費生として、東京に派遣された留学生たちのなかにあって指導的立場にあったのが、満之や今川らよりもさらに早い時期に国内留学を命じられていた井上円了《いのうええんりよう》(一八五八~一九一九)である。井上は「大学予備門」を経て、一八八一(明治十四)年九月に東京大学学部哲学科に入学を果たしているが、近代日本における「哲学」の普及に大きく貢献した人物としても知られている。井上の後輩にあたる「育英教校」の生き残りの書生たちは、実際、本山から「万事井上円了氏を手本とせよ」との指令を受けていた。[17] 稲葉昌丸と今川覚神の回想によれば、一八八五(明治十八）年の春、東京に集結した真宗大谷派（明治十四年九月、東本願寺は公式宗派名を真宗大谷派と定めている）の留学生たちが一堂に会して「将来の方針」について協議し、各自が研究すべき学科の分担を定めている。その際、井上は主に「ヘーゲル哲学」を、満之は主に「カント哲学」を、今川は「数学」および「物理学」を、稲葉は「動物学」を研究することなどが話し合われ、協議の結果は書面をもって本山に上申されたという[18]。もっとも、東京留学生たちが分担すべき学科を確かめ合う場を設けたのは、各自が専門領域を修め、他日、一致協力して「学団」を組織して「学黌」を経営したいとの目論見があったからでもある[19]。しかしながら、このときに描かれた青写真は、それから約三年後に井上円了が「哲学館」（現・東洋大学）を立ち上げ、講師を宗門の外部から招くなどしたことで、当初の希望とはやや異なるかたちで実現することになる。

いずれにせよ、渥美政権下で、財政支出の縮減に大きく舵が切られたことで、新都・東京に派遣された東本願寺の若きエリート僧侶たちは石川の「学士」養成の狙いに応えて、自分たちを支え育ててくれた宗門への恩義に報いようと、各自に決意を新たにしたことは確かであろう。

Ⅲ　時代の新風

哲学科の同窓生たち

東京に送り出された満之ら三人は、東上後、まだ日の浅い一八八二（明治十五）年一月に実施された「大学予備門」第二級の編入試験に、井上円了からの勧めもあり、急遽臨むこととなる。このとき編入試験に合格したのは、三人のうち満之だけで、及第者のなかでも満之の成績は第一位であった。

「大学予備門」を経て満之が東京大学文学部哲学科に入学したのは、一八八四（明治十六）年九月のことだが、当時の文学部哲学科は選りすぐりの秀才たちが集う東大のなかでも、とりわけ優秀な学生が集まる学科であった。入学後の満之は、図書館に収蔵された外国の書物はもちろん、後に東洋美術史家として名を馳せるアーネスト・フェノロサ（一八五三～一九〇八）などの外国人講師の講義や「端境の世代」に属する学友たちとの交流をつうじて、当時の最先端の「知」に接することができた。満之は在学中、井上円了が当時の日本を代表する知識人に広く呼び掛けて設立した「哲学会」の創設メンバーの一人として、学会の機関誌（『哲学会雑誌』）の編集委員を任されるなど、様々な実務を取り仕切っていたりもする。[20] そうした経験は、新都・東京でしか得ることのできない貴重な経験だったと言ってよい。国内での経験とは言え、青年期にそうした機会に数多く接することができたことは満之にとって貴重な財産となり、その後の思想形成に大きな影響を与えたことは間違いない。

東京大学が本邦初の「大学（The University）」として創設されたのは、一八七七（明治十）年のことである。法、理、文、医の四学部体制で発足した当時の東大は、ひいき目に見ても日本随一を誇れるほどの高等教育機関ではなかった。名実ともに日本随一の高等教育機関としての地位が確立されるのは、満之が第八期生として在籍していた頃のことで、その間、約十年の歳月を要している。なお、満之が卒業した一八八七（明治二十年）頃までの文学部の「本科生」（「選科生」などを除く正規の学生）の数は毎年、数人で、四学部を合わせても卒業生は五十人ほどでしかなかった。そのため、早世した者を除く卒業生のほぼ全員が、その後歴史に名を遺すような活躍をしていると言っても過言ではない。

参考までに、満之の先輩にあたる文学部の卒業生のうち、主だった人物の名前を挙げれば、一期生にはフェノロサとともに東京美術学校の創設に携わり、後に渡米して"The Book of Tea"（『茶の本』）を出版するなど、日本美術の価値を西洋世界に知らしめることに貢献した岡倉天心や、講道館柔道の創始者で、日本におけるスポーツの道を切り拓いた嘉納治五郎《かのうじごろう》（一八六〇年生まれ）、「現象即実在論」を説いて東西思想を包括する体系の樹立に努めるなど、長きにわたって哲学界の重鎮として君臨し、「日本哲学の父」とまで呼ばれる井上哲次郎（一八五六年生まれ）などがいる。また、これらの人物以外にも、日本にヘーゲル哲学を紹介したほか、「政教社」の設立を主導するなど「国粋主義」の鼓吹に努めたジャーナリストの三宅雪嶺《みやけせつれい》（明治十六年卒、一八六〇年生まれ）、『真理金針』など数多《あまた》の哲学書を出版するとともに、「哲学会」の立ち上げに尽力するなど、日本の哲学界の地盤固めに奔走した井上円了（明治十八年卒）、高等師範学校（現・筑波大学）教授兼東大文学部教授として「教育学」の講義を担当するなど、日本における教育学の礎を築いた日高真実（明治十九年卒、一八六四年生まれ）、第一高等学校教授、新潟中学校校長、第一鹿児島中学校長などを歴任し、衆議院議員も務めた長沢市蔵《ながさわいちぞう》（明治十九年卒、一八六二年生まれ）などの有名人の名を多数挙げることができる。

また、満之と同じ八期生として文学部哲学科で学んだ同級生には、梅本順三郎《うめもとじゅんざぶろう》（生年不明）と岡田良平《おかだりょうへい》（一八六四年生まれ）の二人がいる。梅本は大学を卒業後、フランスの哲学者ポール・ジャネの(21)「倫理学」を紹介した『惹涅《ジャネ》氏倫理学』の訳述を手掛けるなどしているが、体系的な思想を残せないまま早世している。一方、岡田は、京都帝大総長、文部大臣、東洋大学学長などを歴任するなど、明治から昭和初期の教育行政の方面に多大な影響を与えた人物として歴史にその足跡を刻んでいる。

さらに、満之と同時期に文学部に在籍していた後輩たちに目を向ければ、一学年下には文部次官を経て、貴族院議員、東北帝大総長、京都帝大総長などを歴任した後、成城学園や大正大学などの学校創設に関与した沢柳政太郎《さわやなぎまさたろう》（一八六五年生まれ）と、母校の国語研究室の初代主任教授を務め、後に文科大学長（文学部長）として国語学の端緒を開いた上田万年《うえだかずとし》（一八六七年生まれ）の二人がいる。彼らと満之は在学中、校内の同じ寄宿舎で生活していたこともあり、非常に仲が良く、特に満之と沢柳は互いの人生に決定的な影響を与え合う関係にあった。また、満之の二学年下には、キリスト教的自由主義（ユニテリアン）、カントの批判的理想主義の立場から功利主義や進化論に対する批判論を精力的に展開し、京都帝大に文科大学（文学部）の新設が決まった際には、初代学長（文学部長）就任が内定していた大西祝《おおにしはじめ》（一八六四年生まれ）などがいる。(22)

一八八七（明治二十）年七月、帝国大学文科大学（前年に東京大学文学部から改称）を首席で卒業した満之は、「宗教哲学」を修めるべく、新設間もない大学院（研究院）に進学している。後輩の大西祝なども「宗教」を念頭に緻密な思索を展開した哲学者の一人と言えるが、満之や大西が「宗教哲学」を「哲学」の本道と見て思索を展開したことは、その後の日本哲学の進むべき道を方向づけたという点で無視できない[23]。

歴史に「もし」を持ち込めば、想像は際限なく膨らむであろう。とは言え、満之がそのまま学問の道を順風満帆に歩み続けていたとすれば、近代的な教育制度のもとで育った初の日本人哲学者として大成功を収めていたはずだというのは、実際、彼を間近で見てきた人びとから異口同音に発せられる言葉でもあるのである[24]。

しかしながら、満之が大学院に在籍したのは一年余りの短い期間でしかなかった。一八八八（明治二十一）年三月、財政難のため経営困難に陥って廃校の危機に瀕していた京都府立尋常中学の経営を真宗大谷派（東本願寺）が引き継ぐこととなり、紆余曲折を経た末に大学院で学んでいた満之が校長として京都に呼び戻されることになったからである。

ミニマムポッシブルの実践

東京にいた頃の満之は、「学士」の肩書に見合った優雅な生活を送っていた。そうした彼の優雅な暮らしぶりは、月俸百円で中学校の校長として京都に赴任した後も、しばらくの間、続いていたようである。

ところが一八九〇（明治二十三）年七月、満之は突如として校長職を腹心の友である稲葉昌丸に託し、自ら平教員として教壇に立つことを選んでいる。それと同時に、黒衣墨袈裟の僧服を身に纏い、食膳は麦飯一菜漬物、酒はもちろんお茶すらも喫せず、飲料には素湯もしくは冷湯を用いるといった、極めて厳しい禁欲的修道生活を開始している。「ミニマムポッシブル」の実践である。

宗義上、肉食妻帯すらも禁じられていない浄土真宗の僧侶の身でありながら、自らに厳しい禁欲生活を課した満之の姿勢は、同じ宗派に属する人の目にはよほど奇異なものに映ったに違いない。しかし、なぜに彼は、突然、かくも極端な禁欲生活に入ったのか。心境の変化を生じさせた外的要因について推し量るとき、そこに浮かび上がるのは満之の無二の親友で、日本近代の教育界を代表する人物として多くの業績を残した沢柳政太郎の存在である。(25)

満之同様、士族（松本藩士）の子として生まれた沢柳の実家の宗旨が真宗大谷派であったことも、あるいは関係しているのかもしれないが、満之との出会いをはじめ、人生の様々な局面で、沢柳は仏教に深く関与していくことになる。実際、彼は、六十余年の生涯を終えるまで、教育界のみならず、自他ともに認める「仏教のパトロン」として日本の宗教界にも数多の事績を残している。

大学予備門を経て東京大学文学部哲学科に進んだ沢柳は、大学の寄宿舎でも満之と同部屋で寝起きをともにしている。同じ時期に理学部の学生として寄宿舎で生活していた狩《か》野《のう》亨吉《こうきち》（一八六五〜一九四二）は、両人の関係について「清沢君」は「大いに感化力もあった人であったが、沢柳君がどれ位指導感化を受けたか自分には分らない」と前置きしたうえで、沢柳が宗教に熱心だった理由について「徳永君の勧めや感化」ではなかったかと述べている。[26] こうした言葉からも、大学在学中にはすでに満之と沢柳の間に宗教を共通項とする心の絆が形成されていたものと推測されるのである。

　沢柳は学業の合間を縫っては、同じ寄宿舎で生活していた日高真実らとともに鎌倉・円覚寺の今北洪川のもとに参禅するなど、早くから仏教に関心を寄せていたようだが、自他ともに認める「仏教のパトロン」となる決定的な縁は、在学中に同郷出身の実業家である青木《あおき》貞三《ていぞう》（一八五八〜八九）の引き合わせで雲照律師と交わるようになったことにある。沢柳と雲照律師を引き合わせた青木は、一八八九（明治二十二）年二月に病没している。だが大学を卒業した沢柳は青木の遺言により、雲照が戒律主義に基づく仏教再興運動の拠点としていた「目白僧園」の運営を託されたことで、在家信者でありながら雲照の事実上の後継者として仏教の精神を民間に広める活動に身を捧げていくことになる。

　先にも述べたように、「目白僧園」は戒律の教えを広める目的で組織された「十善会」から発展して設立された戒律学校であった。この学校の継続的な維持・運営のため、沢柳は一八九〇（明治二十三）年に全国から会員を募って各地に支部のあった「十善会」の再興を図るとともに、機関誌『十善宝窟』を発刊して仏教が持つ社会的意義を「戒律」の視点から人びとに分かりやすく伝えるといった言論活動を開始している。そうした地道な努力は数年後には確かな実を結び、一八九七（明治三十）年頃には、再興された「十善会」の支部は全国二十カ所を超え、会員数も七千人に達したと言われる。(27)

だが、戒律の遵守という自助努力をつうじて仏教界の立て直しを図ろうとするやり方は、「他力」を前面に掲げる浄土真宗の教義とは、一見、相容れないもののようにも感じられる。この点に関して沢柳自身、「自分は清沢師の書き置かれた如き状態に自分の心を置く事は出来」ない、「瘠我慢《やせがまん》かもしれぬが、自分の力でどうにか行けそうなものだと思う」と、満之の信仰のありようとの違いを認めてはいる。だが、同時に彼は「自力と他力とは理屈からいうとそう違わぬ。一方から見れば自力、一方から見れば他力と考えて居る」とも述べており、その違いは表面上ののすぎないとの見方を示してもいる。(28)このことからも、狩野亨吉が推測するように、二人の間には宗教を媒介とした思想の絆が形成されていたことが推し量られよう。

「道徳は反《かえっ》て卑近の実践を貴ぶ」と題された論文のなかで沢柳は、「道徳の敗頽を救わんと欲する者」は「高尚の理論を説くを止めて、卑近の実践を促すこと」に努めなければならないとの持論を展開している。(29)この論文が書かれたのは、満之が「ミニマムポッシブル」を開始してから約半年後のことであるが、「卑近の実践」と聞いて多くの人が思い浮かべるのは、戒律の順守であろう。沢柳が従事した「十善会」の活動は、仏教が掲げる十の卑近な戒律の遵守・実践を人びとに勧めるというものであった。それに対し浄土真宗では、ややもすれば戒律が軽んじられ、人びとの道徳が敗頽的に傾きがちになる。仏の教えに帰依する僧侶でありながら、一般人にはまねのできない優雅な生活を送っていた満之にとって、そうした親友の言葉は自らへの戒めとして深く心に突き刺さるものがあったに違いない。

しかし皮肉なことに、長期にわたる禁欲生活の無理が祟ったのか、満之は一八九四（明治二十七）年の厳冬に罹った感冒をこじらせた末に結核と診断され、残りの人生を不治の病を抱えて生きることを余儀なくされる。一九〇一（明治三十四）年七月末に行われた教誡師の藤岡了空《ふじおかりょうくう》（一八四八～一九二四）との対話のなかで、満之は「ミニマムポッシブル」に励んでいた頃の自らを振り返り、「一種の行者気取」で、「実に我慢の極点」に達していたと自省の弁を述べてもいる[30]。だが、命を削ってまで自力的行を実践したことは、他力門の念仏者としての思想の深化になくてはならない経験となったことは間違いない。

『宗教哲学骸骨』の執筆

ところで、「我慢の極点」に達していたという時期にあたる一八九二（明治二十五）年八月に、生前の満之の唯一の単著である『宗教哲学骸骨』が刊行されている。内容は、書名が示すとおり、「宗教哲学」の骨格が、それまでの大学や大学院での自身の学びを基盤として簡潔にまとめられたものとなっている。「ミニマムポッシブル」に取り組んでいたこの時期に、なぜこの本が執筆・出版されることになったのか。
『宗教哲学骸骨』の執筆に駆り立てた動機を推し量るうえで、まず注目せずにはいられないのが、明治中期に国内外で活発化した仏教界の動きである。

明治二十年代初頭の日本の仏教界は、澎湃《ほうはい》として湧き起こった「欧米仏教ブーム」に席巻されていた。明治の初期に「廃仏毀釈」の逆風にさらされた日本仏教のどの伝統宗派も、強い危機感から護法運動を展開したこと、そしてなかでもとりわけ早い時期から近代的な教育に力を入れ、「学士」の養成に努めてきたのが東本願寺だったことについてはすでに触れた。こうした歴史的事実を踏まえれば、明治二十年代の初頭に「欧米仏教ブーム」が巻き起こったのは自然の成り行きだったと言えるのかもしれない。明治期以降に教育を施され、近代的発想に慣れ親しんだ日本人が多く社会に輩出されるようになるこの時期ともなれば、仏教がキリスト教に勝るとも劣らない高等宗教たることを世人に示すには西洋の「哲学」の手法に倣うのが最も効果的であると考える人たちが、仏教界にも一定の割合を占めるようになるのは、ごく当然の流れだったと考えられるからである。

ではどうすれば、仏教思想の優位性を最も手っ取り早く世間に訴えることができるのか。そのためには、欧米人の口から直接、仏教の素晴らしさが語られるに如《し》くはない。そうした時代的風潮のなかで、仏教再興の「救世主」として大きな期待を寄せられたのが「白人仏教徒」、ヘンリー・スティール・オルコット（一八三二〜一九〇七）であった。[31]

すでにスリランカ仏教の復興に貢献するなど、顕著な実績を残していたオルコットは、一八七五年に米国・ニューヨークに設立された「神智学協会（Theosophical Society）」の創設メンバーの一人で、当協会の初代会長でもあったのだが、彼には「真理にまさる宗教はない」との信念があった。要するに、諸宗教の表面的な違いを越えた、神聖で普遍的な智慧そのものを発見しようというのが、彼の活動を根本で支える思想信条だったわけだが、そうした方向にこそ日本仏教の再興と存続の道があるはずだと、この時期の日本の仏教者の多くが期待をかけたのである。

実際オルコットは、京阪神を拠点とする仏教活動家たちの働きかけで二度にわたって来日し、全国各地で講演を行っている[32]。初の来日で神戸の港に到着したのは、一八八九（明治二十二）年二月九日のことである。七十余人の僧侶に出迎えられて日本の地を踏んだオルコットはすぐさま京都に向かい、同年二月十二日から三日間、浄土宗の本山・知恩院で数千人の聴衆を前に東洋仏教の「大同団結」の必要性を訴える演説を行っているが[33]、演説会の三日目（二月十四日）に通訳を務めたのが、京都府尋常中学校校長として赴任して間もない満之であった[34]。

「白人仏教徒」、ヘンリー・スティール・オルコットの招聘は日本に「欧米仏教ブーム」を巻き起こしただけでなく、仏教再興のための国際ネットワークの形成という点でも大きな役割を果たした。なかでも注目されるのが、一八九三（明治二十六）年に米国・シカゴで開催された「万国宗教会議」に日本の仏教徒が招待を受けたことである。「万国宗教会議」には、高野山真言宗管長の土宜法龍、臨済宗円覚寺派管長の釈宗演、天台宗から芦津《あしづ》実全《じつぜん》（後に臨済宗に転派し、永源寺派管長となる）、浄土真宗本願寺派（西本願寺）から布教師の八淵蟠竜《やつぶちばんりゅう》の四名が、日本の仏教界の代表として参加している。しかしながら、同じく招待を受けていた真宗大谷派（東本願寺）は、最終的に代表者の派遣を見送る決断をしている。(35)

「万国宗教会議」の主たる目的は、世界における宗教の現状とその展望について正確で信頼のおける記述を作成することにあった。そのため大谷派としては、英文で書かれた仏教宣伝用の冊子を作成・配布することで要請に応えようとしたとも言えるのだが、その際配布されたのが『宗教哲学骸骨』の英訳版である *"The Skeleton of a Philosophy of Religion"* だったのである。

当時の日本人として体系的に「宗教」を語ることのできる人物は、東大の大学院にまで進んで「宗教哲学」を修めた満之以外にいなかったというのは、決して穿った見方ではないだろう。世界の宗教者たちの間で盛り上がり見せていた宗教の枠組みを超えた「統合」に向けた機運のなかで、満之にそうしたお鉢が回ってきたのは必然的なことだったと考えられるのである。(36)

暗雲立ち込める

一八九三（明治二十六）年三月、東本願寺は五年近く経営を任されてきた尋常中学を京都府に返還。同年九月には、同じ京都の地に大谷尋常中学を開設している。そのことを機に、宗門外から「校長兼教学顧問」として迎え入れられたのが、沢柳政太郎だったのである。

沢柳を東本願寺に招き入れたのは、無論、満之であった。近代的な学制改革を実現すべく沢柳が大谷派に迎えられた当時、満之はまだ中学の一教員として宗門の学事を支える立場にあった。そのため、沢柳は心強い後ろ盾を得て学事に関わる種々の仕事に取り組むことができたと考えられる。だが、結核と診断された満之はその翌年の六月に教員職を辞するとともに、須磨（兵庫県）での療養生活に入っている。したがって、二人が協力して改革の仕事に取り組むことができたのは、実質的に半年にも満たない短い期間であった。

満之が京都を離れて後も、沢柳は稲葉昌丸らと一致協力して宗門学事の改革の推進に努めた。だが、自力的性格の色濃い教育を施して僧風の刷新を図ろうとする沢柳校長の手法に強く反発した生徒たちがストライキを起こすなどしたため、「校長兼教学顧問」に就任してから一年四カ月後の一八九四（明治二十七）年十二月末日をもって沢柳は職を解かれ、大谷派宗門から事実上、放逐されるかたちとなる。

沢柳政太郎は、解職の翌月に「卑見」と題する一文を発表している。そのなかで彼は、尊敬する一親友の勧誘で京都に赴任して以来、改革の仕事に微力を尽してきたものの、自らの学の浅薄さのせいで効を致せなかった点については遺憾に思うが、大谷派を思う気持ちは派内の諸師に譲ることはないと、その心情を綴っている。[37] こうした言葉もまた、満之との間にいかに強い心の絆があったかを物語るものであろうが、その基底に「宗教」に対する共通の思いがあったことは十分推察されよう。

沢柳には、その何たるかを問わず「善良の教訓」が含蓄されているのが「宗教」であり、したがってどの宗教にも人を大いに利するところがあるとの信念があった[38]。大学を卒業後、真言宗の雲照律師の実質的な後継者として沢柳が仏教の復興に尽力したことは事実である。けれども、真言宗だけが、あるいは仏教だけが真正の宗教であるなどといった思いは、彼には微塵もなかった。彼が何より重視したのは、宗教の本質を理性的に問うことで「信仰の当体」を明らかにしようとする姿勢、角度を変えて言えば「独断論」に陥らぬよう、常に前後に矛盾がないどうかに注意して物事を捉えようとする学的精神であった[39]。

もっとも、学的精神を重視したという点では、浄土真宗の僧侶であった満之にしてもまったく同じであった。「他力」だから優れているとか、「自力」だから劣っているなどといった発想を超えたところに「宗教」のあるべき姿を見ようとしていたという点で、両者の見解は完全に一致していたと言ってよい。

改革の狼煙

ともあれ、学事刷新の仕事が沢柳に託されてから一年足らずのうちに、改革派と保守派との対立は風雲急を告げる事態にまで発展していくことになる。この間、本山寺務の運営を取り仕切っていたのは、石川派を一掃して実権を掌握していた「執事」の渥美契縁であった。闡彰院の門下であった渥美にしても、宗門の失地回復に真剣に取り組もうとしていたことに微塵も疑いはない。ただ、石川舜台が教学方面から立て直しを図ろうとしたのとは違って、彼は財政面の立て直しこそが急務であると考えた。親友からの誘いを受けて宗門学事の改革に携わった沢柳政太郎が短期間で宗門外に追いやられる結果となったのは、改革派と保守派との水面下の確執が多くの人の目に触れるかたちで表面化したにすぎないと言えるのかもしれない。

学事重視の立場で寺務改革を推し進めようとしていた同志たちが、非常な苦境に立たされているのを見るに見かねた満之は、一八九五（明治二十八）年七月、病身を押して再び京都の地に舞い戻り、気脈の通じた稲葉昌丸や今川覚神を含む十二名の若手僧侶らとともに本山に寺務改正の建白書を提出し、寺務の根本方針を教学に置くべきことを強く訴えている。しかし寺務当局者は、彼らの建白を受け入れようとはしなかった。そのため、一八九六（明治二十九）年十月、満之ら若手僧侶たちは、京都郊外の白川村に「教界時言社」を設立。彼ら改革派は、「白川党」とも呼ばれたが、機関誌『教界時言』を発刊するなどして大谷派宗門改革の必要性を世に広く訴えるという、新たな策に打って出ることとなる。

「白川党」の若きエリート僧侶たちが狼煙をあげた改革運動は、宗門外の世論も巻き込むかたちで瞬く間に一大ムーブメントに発展していく。この活動が社会的なうねりを生み出すことができたのは、物心ついた頃から近代的な教育を受けて育った彼らが、多くの人びとの耳に届く普遍的な言葉の力、物事を論理的に語る手法を身につけていたことと無関係ではないであろう。現に彼らの言論活動は、「教界時言社」の立ち上げから約三カ月後に「執事」の渥美を辞任に追い込むという一定の成果を生み出している。しかしながら、渥美の辞任劇をもって、改革運動は直ちに終息へと向かったわけではない。改革派の若手僧侶らと寺務当局者との間の水面下での駆け引きは、良くも悪くも渥美が辞任する以前よりも、はるかに複雑さの度合いを増していくことになる。

一八九七（明治三十）年一月十九日、東本願寺第二十二代法主・大谷光瑩の実弟でもある大谷勝縁《しょうえん》（一八五六〜一九二四）が「執事」に就任すると、[40] 翌月五日には早くも寺務所職制の一部が改正されるなど、本山は改革に向けた新たな動きを見せる。だが、そうした動きが見られるなかで、同月十三日、「白川党」を支持する僧俗三百余名が京都河原町の共楽館に集結し、改革実現のための全国組織（「大谷派事務革新全国同盟会」）が結成されてもいる。

改革の機運の高まりに敏感に反応した本山寺務当局者は、清沢満之以下、宗門改革運動の首謀者ら六名に対し、すぐさま除名処分の決定を下しているが、処分から約一週間後の同月二十二日には、意外なことに一八七八（明治十一）年の春以来、長らく表舞台から姿を消していた石川舜台が「上席参務」として不死鳥の如く宗政への復活を果たしているのである。

実際、「白川党」の若手僧侶らによって主導された宗門改革運動が、世論の支持をも取り込みながら本格的に熱を帯びてくるのは、彼らが僧籍を剥奪されて以降のことである。したがって、明治三十年以降に展開された大谷派の改革運動は、傍目には満之ら「学士」を育てた石川舜台と、石川の政策が生み出したエリート僧侶たちとの対立といった、いささか奇妙な図式を呈することとなる。

Ⅳ　真宗の僧侶として

宗門改革運動の下地

かくして、学事を重視した石川舜台の政策から生まれた改革派の若手僧侶たちは、宗門の旧体制の変革に向けて大いに気を吐くことになる。しかしながらそうした機運は、満之ら近代的教育を受けて育った「端境の世代」の僧侶たちのなかから突如として湧き起こったわけではない。と言うのも、これまでほとんど注目されてこなかったことだが、「白川党」が改革の狼煙を上げるに先立って、龍華空音《りゅうげくうおん》（一八二五〜一九〇三）の孤軍奮闘があったことは紛れもない事実だからである。[41]

尾張国・常徳寺住職の龍華空音と言えば、尾張一帯では知らぬ者はいない「怪僧」で、一八七一（明治四）年十月一日に「寺務所」が新設された際、石川や渥美とともに「議事」の一人に任命された、神守空観の実弟でもあった。名古屋の地に埋もれかけていた満之を宗門に引き入れたのも龍華空音だったのだが、彼の日記（『龍華空音日記』）には、宗門の振興を図るには「学者を優待して興学策進を謀る」ことが重要で、そのための具体策としては、「派内に完全なる普通教校を設立」して「社会普通の学術を研究」させる必要があるといったことが縷々綴られていたりもする。そうした考え方が、基本的に石川舜台を中心に推し進められようとしていた政策の方向性と一致しているのは明らかであろう。

龍華空音が尾張一帯で異彩を放つ存在となったのは、護法精神に根差した彼の言動が極めて精力的かつ好戦的なものであったことに理由がある。たとえば、護法運動の一環として、彼は一八八四（明治十七）年九月から半年間東京に長期滞在し、アメリカ長老教会宣教師のタムソン（一八三五〜一九一五）やロシア正教会宣教師のニコライ（一八三六〜一九一二）に様々な質問をぶつけている。その結果、「キリスト教信ずべきものにあらず」との確信を得て、一八八五（明治十八）年十月に、『通俗耶蘇教問答 初篇』という書物を公刊するなどしている。

龍華空音の護法精神が最も際立つかたちで発揮されるのは、渥美政権下の寺務当局者に対する行動においてである。本山当局者への怒りが爆発するのは一八八〇（明治十三）年の夏頃で、石川舜台が失脚してから約二年半後のことである。その引き金は、「三等学師」だった占部観順《うらべかんじゅん》（一八二四〜一九一〇）が著述した『改悔文講弁』という書物の出版にあった。占部が唱える学説を、宗祖・親鸞が説いた信仰上の「安心」のありように違《たが》う「異安心（異端説）」と見た彼は、同年十一月に、本山当局者に本書の絶版と占部の擯斥を要求するなど、大々的な批判を展開している。だが当局者は、龍華空音の訴えに耳を貸そうとしなかったばかりか、翌年の三月には占部が新たに著述した書物（『改悔文略解』）を、渥美が「序文」を寄せるかたちで「東派本願寺教育課蔵版」として出版することを認めたうえ、占部を「二等学師」に進級させているのである。

本山当局者の一連の対応が空音の感情を逆なでしたことは言うまでもない。その後、怒りの矛先は渥美執政下での寺務運営そのものに向けられるようになり、本山当局者との対決姿勢はいよいよ鮮明なものとなる。

しかしながら、龍華空音の寺務所批判の言動は、実兄の神守空観が存命している間はそれでもまだいくらか抑制されたものであったと言える。彼の寺務所批判が一般門徒を巻き込むかたちで、抑制のきかないレベルに激化していくのは、一八八九（明治二十二）年二月に神守空観が亡くなって以降のことである。

一八九〇（明治二十三）年九月、執拗に寺務所批判を繰り返した龍華空音は京都の本山に召喚され、当局者から尋問を受けている。だが、その後も彼はまったく攻撃の手を緩めず、同年十月十六日には尾張を中心とした門徒有志者と結束し、「大谷派本願寺寺務改革趣意書」を公にするといった行動に出る。その結果、同年十一月二十日に本山から「残務差免」の処分（奪班）を下されることになるのだが、その二日後には、中島郡清水村（現・愛知県稲沢市）で一般門徒に対して寺務改革の必要性を訴える初の演説を行うなど、運動を本格化させている。さらに、尾張の門徒を中心に寺務改革を求める声が日増しに高まるなか、同年十二月十九日には改革実現に向けた門徒組織である「得明会」が結成されるに至っている。

このように、龍華空音を首謀者として、激しい本山寺務批判が展開されているさなかの一八九一（明治二十四）年三月四日、それまでの過激な言論が「誹謗罪」にあたるとされ、空音は警察に拘引。数日間にわたり、取り調べを受けるはめとなる。だが、証拠不十分として無罪放免となった彼の行動はさらに勢いを増すこととなり、尾張の地から上がった火の手は、全国規模の運動にまで拡大していく。そして、同年九月十四日には、「得明会」から発展した全国組織として「真宗大谷派本願寺改革有志同盟会」が京都に設立されることになるのだが、尾張の「怪僧」が火付け役となり展開された大谷派の寺務改革運動が、一八九六（明治二十九）年から翌年にかけて「白川党」の若手僧侶らによって主導された宗門改革運動の下地となったことは言を俟たない。

教学の再興

「白川党」を核とした改革運動に話を戻せば、表面的には改革派の若手僧侶たちと石川舜台を中心とした寺務当局者との間の対立という図式を呈してはいたものの、水面下では「白川党」の首謀者である満之と上席参務の石川との間で教学の再興に向けての話し合いが着々と進められていた。石川が老獪な政治手腕の持ち主であったことは誰しも認めるところで、そうした人間と、満之をはじめとした「白川党」の面々は、おそらくは「火で火を消さん、毒で毒を救わん」との思いで、慎重のうえにも慎重に交渉を重ねたものと想像される(42)。

一八九七（明治三十）年二月、様々な裏工作の末に宗政への復帰を果たした石川は、それまで自身のうちで温めてきた一大構想（「御壮図」）を実現すべく、すぐさま改革の諸事業に取り組んでいる。彼の描いた「御壮図」のなかでも最初の目玉として位置づけられるのが、当時「伏魔殿」とまで呼ばれた京都の本山から新法主の大谷光演《おおたにこうえん》（一八七五〜一九四三）を脱出させて、東京の浅草別院に留学させるという構想であった。

本山当局者が、石川の描いた「御壮図」に従い着々と改革の事業を推し進めていくなか、満之は突如、「大谷派寺務革新全国同盟会」の解散を宣言し、改革運動そのものの中止を決断している。一八九七（明治三十）年十一月九日のことである。もっとも、「突如」というのは、周囲の人にはそのように受け止められたというだけにすぎない。運動の中止を決断するに至ったのは、本山寺務当局者との度重なる折衝を経て、改革の実現に向けた具体的な筋道が見えてきたからこそであったに相違ない。

とは言え、満之をはじめ、改革運動の首謀者たちの除名処分が解かれるのは翌年四月のことで、運動の中止後、直ちに公職復帰が許されたわけではなかった。しかしながら、一八九九（明治三十二）年六月に新法主の大谷光演の命を受けて東上した満之は、そのときすでに東京の浅草別院に居を移していた新法主の「教導役」（教育係）を任されることになる。そしてさらに翌年の一月には、宗門改革運動の同志でもある月見覚了《つきみかくりよう》（一八六四〜一九二三）らとともに「真宗大学建築用掛」に任命され、かつて闡彰院が統括を務めた「護法場」から発展した「真宗大学」を東京に移転させるという一大事業に着手している。

宗門学事の核となる重要な任務が満之の手に委ねられることになった背景に、閉塞感の漂う古都ではなく、新鮮な空気の流れ込む新都で、時代に即応できる人材を育てたいとの石川の積年の思いがあったことは想像に難くない。そして、そうした彼の積年の思いは、宗門改革運動を牽引した満之らの思いに通じるものがあったことは、あらためて指摘するまでもない。

宗門学事の改革の諸事業を遂行するにあたって、満之は教育の独立性が確保されることを宗門当局者に強く求めている。彼にとって学問というのは、どこまでも自由な精神に基づいて討究されるものでなければならなかった。宗門内の教育方針に寺務所が容喙してくることを警戒した理由は、ほかでもない。かつて大谷派宗門から放逐された親友・沢柳政太郎の件もさることながら、学閥や権威に基づき学説が継承されてきた、精神の自由とは程遠い「宗学」の伝統に対する根強い批判意識があったからである。

人間関係を基盤とすることから生まれる党派意識は、得てして先達や先師の学説の批判を許さないといった立場主義を生むことになる。そうした主義が、生きた学問の営みを難しくする要因となることは、言うまでもない。学問が真に意義のある営みとなるには、どんな学説でも後進の者が自由にそれを批判することが許されていなければならないし、学問が「死学問」と化してしまうのを防ぐためにも、先達や先師の学説はむしろ論理的批判に晒され続けるのでなければならないと、彼は考えていたのである。

満之以前に展開された護法運動には、党派意識ないしは立場主義を完全に払拭できているとは言い難い側面が確かにあった。それに対して、幼少時から近代的な教育を受けて育った世代の日本人のなかには、党派意識や立場主義がもたらす負の側面を十分認識し、前近代的な意識の囚われから自由であれた人士が少なからずいたことは間違いない。

しかしながら、再び新都・東京に活躍の場を得た満之が宗門学事の改革の事業に向き合うことができたのは、二年あまりの短い期間であった。結核という不治の病を抱えた彼の背中に死の影が迫りつつあったからである。

失意のなかで

一八九九（明治三十二）年以降の満之の労力の大半は、宗門学事の改革に注がれたと言ってよいであろうが、これとほぼ時を同じくして、私生活の面で、見過ごすことのできない活動が開始されている。「精神主義」と呼ばれる思想活動がそれである。

満之は、宗門改革運動を断念するにあたって、自らの心中を周囲に次のように語っていたと言われる。

「実はこれだけの事をすれば、その後には実に何もかも立派に思うことが出来ると思ってやったのだけれども、然し一つ見おとしがあった。それは少部分の者が如何に急いでもあがいても駄目だ。よし帝国大学や真宗大学を出た人が多少ありても、この一派――天下七千ヶ寺の末寺――のものが、以前の通りであったら、折角の改革も何の役にもたたぬ。はじめにこのことがわかって居らなんだ。そこでこれからは一切改革のことを放棄して、信念の確立に尽力しようと思う。[43]」

「精神主義」の言論活動において主たる媒体の役割を果たしたのは、一九〇一（明治三十四）年一月に創刊された雑誌『精神界』である。この雑誌の刊行を企画し、執筆から編集まで業務の全般を切り盛りしていたのは、満之のかつての教え子たちであった。当時はまだ京都にあった「真宗大学」を卒業後、恩師の後を追うように上京して門人となった教え子たちは、東京本郷の満之宅に住み込んで満之の家族とともに共同生活を行った。彼らの共同生活の場は「浩々洞《こうこうどう》」と名づけられた。「浩々洞」の門人たちにとって、満之は確かに尊敬すべき師ではあったが、誰よりも自由な討究を重んじた彼は、門人たちに何かを教え込むとか自らの主張を押しつけるとかといったやりかたを好まなかった。師も弟子も、「無一物」の個として互いに「愚説」をぶつけ合うところに、教育のあるべき姿を思い描いていたからにほかならない。

『精神界』の創刊後、しばらくの間は「浩々洞」の門人たちからの要請に応えて、満之は毎号のように筆を執るなど、最大限協力する姿勢は示していたようである。だが、当雑誌に直接的に関与しようとする姿勢は、次第に薄れていく。そして、そのことに反比例して増えていくのが、門人たちが「成文」し、清沢満之の名前で掲載・発表される文章の量であった。

ここで言う「成文」とは、有り体に言えば、門人たちが自らの信仰の受け止めを清沢本人の校閲を経ることなく『精神界』に掲載・発表するといった手法を意味している。そのため、大方の『精神界』の読者は、当然のことながら門人たちの思想を清沢満之の思想と受け止めた。そのことが、満之晩年の思想（「宗教哲学」）に対する根本的な誤解を生じさせる大きな要因となってきたことは否めない。そのあたりの詳しい事情については本書の「補論」で改めて論じることにしたいが、ともあれ第三者の思想が入り混じった思想に、満之本人の思想とは相容れない要素が含まれているということは容易に想像され得るであろう。

満之の言葉を借りれば、一九〇二（明治三十五）年という年は「みんな砕けた年」であった。実際、彼は、長男の信一と妻のやすに相次いで先立たれるという不幸に見舞われている。また、本山から託された公務の面でも、東京移転に心血を注ぎ、移転・開校後は学監（学長）として学事に携わってきた「真宗大学」で勃発した騒擾の責任を取るかたちで、自ら職を辞している。失意のまま自坊のある三河の大浜に戻るのは同年秋のことだが、かねてより患っていた肺病のために半年後にはこの世を去っている。

自坊に帰ってからも、『精神界』の編集に携わる「浩々洞」の門人から、満之は再三、執筆を依頼されている。だが、門人からの度重なる要請にもかかわらず、なかなか筆を執ろうとはしなかった。

そうしたなか、一九〇三（明治三十六）年の四月と五月に、迫り来る死を意識しつつ、満之は遺言とでもいうべき二つの文章を『精神界』に書き送っている。一つは、宗教（無限）と道徳（有限）との関係を論じた「宗教的道徳（俗諦）と普通道徳との交渉」で、もう一つは、他力の信心を獲得した自身の実感の極致を綴った「我信念（原題「我は此の如く如来を信ず（我信念）」）」である。これら二つの文章は、晩年の満之が至った思想的境地を知るうえで貴重な手がかりとなる資料と言ってよい[44]。

同年六月六日、満之は従者に見守られながら自坊で静かに息を引き取っている。死去する二日前に激しい喀血に見舞われ、従者から「云い残すことなきや」と問いかけられた際、ただ一言、「何にもない」と答えたという[45]。数え年で四十一歳、満年齢で四十歳に満たない人生ではあったが、その言葉どおり何も思い残すことのない人生だったに違いないと、私は想像する。

本論　清沢満之の「教行信証」

本書を執筆した著者の願いは、広く一般に清沢満之の宗教思想の門戸を開きたいということにある。そのため「本論」では、あえて通常の「学術論文」の体裁は採らずに、清沢満之本人が語っているかのような文の体裁が採用されている。ただ、そうすることで清沢満之の宗教思想の全体像が摑みやすくなるというメリットが期待される反面、筆者の私見が入り込みやすいといったデメリットが生じることも予想される。

「本論」では、そうしたデメリットを軽減すべく、各節ごとに主な典拠となる文章を巻末注に示しておいたが、多くの場合、当該箇所の頁を明確に示すことは困難であるため、頁の記載は省略してある。また、清沢自身が詳しく説明していない事柄であっても、清沢満之の宗教哲学の背景をなす仏教や西洋哲学の基礎的知識（「涅槃」や「大悲」の説明など）などに関しては、必要に応じて、随時、解説を加えていることについても、あらかじめ断っておきたい。

第一章　「宗教」の根本原理

I　「宗教」をめぐる「哲学」

(i)　諸学の基礎

学的探究の必要性[46]

一般に「宗教」と呼ばれる現象は、未開人の間だけなく、近代的知性の行き渡った諸国においても遠く広く認められる。この事実が何を意味しているかと言えば、人間には自己の生存のために「宗教」の信仰を求める心が普遍的に具わっており、そうした心の機制が万古不変に様々な「宗教」を生み出してきたということである。だとするなら、この先の未来にも、人界には「宗教」と見なされ得るものが様々なかたちをとりながら永遠不朽に存立し続けるであろうことに、何ら疑念の余地はないであろう。

だが一口に「宗教」と言っても、その概念は漠然としていて、「宗教」をどのよう理解するかは人によって一定しないというのが現実である。私見によれば、そうした実情の背景には、「宗教」とは何なのか、その一種不変的な性質についていまだ明確な定義がなされていないことがあるように思われる。

古今東西、人類が「宗教」なるものを希求してやまなかった理由はどこにあるのか。この問いに明解を与えるには、私たちは「宗教」と呼ばれる諸現象について深く考究したうえで、それらに貫通するところの原理、すなわち宗教の「根本義《ファンダメンタル・プリンシプル》」に迫ることが是非とも必要である。

たとえば、天理教とキリスト教を比較してみればわかるように、世間一般に「宗教」と認知されている現象には、細かな観点で見れば多くの違いが確認され得る。にもかかわらず、両者の間に漠然とではあれ、「宗教」と呼び得るエッセンシャルな点が見出せるのだとすれば、種々の現象間に認められる細かな違いを超えたレベルで、すべての「宗教」を包括的に語れるような「原理」ないしは「原則」を探り当てることは、決して不可能ではないに違いない。

ただ、「宗教」の本領とは何かをめぐってなされる議論というのは、とかく水掛論に陥りやすい。そうなりがちなのは、ほかでもない。「宗教」について論じようとしてきた人びとの多くに、「宗教」と呼ばれ得る諸現象に普遍的に当てはまる「事理」ないしは「道理」を学的に探究しようとする姿勢が欠けていたことにある。

学的探究において何より大事なのは、どこまでも公平無私の心で万物万有の「事理」に迫ろうとする姿勢である。学的姿勢を保持し続けることの大事さを深く心に刻み込んで、宗教の「根本義」に迫ろうと努めることとは、自らが信仰する宗教がある場合、その信仰を広めなくてもよいということと意味しているわけではない。とかく水掛論に陥りやすい、宗教の本領をめぐる不毛な議論に終止符を打つためにも、学的探究の姿勢は不可欠だと言いたいのである。

純正哲学[47]

現実世界において観察されたり経験されたりする様々な現象の背後に働く理法を明らかにして、万有普遍の真理に迫ろうとするところに学問研究の営みがある。世に学者と称される人びとが、日夜、汲々として研究に打ち込むのは、自らが立てた予測や予想と、現実世界に観察・経験される事象とが必ずしも一致しないことに、疑問を禁じ得ないからである。そのことはとりもなおさず、学問研究というのは基本的に、個別具体的に観察・経験され得る諸事象を素材として取り組まれる営みだということ、裏を返せば、単なる空想上の営みというのは学的探究とは言えないことを意味している。

ところで、学問研究の方法には大きく分けて「理科学」と「哲学」の二種類がある。前者は、人びとの安寧や幸福の実践に直接的には関与しないような分野において採用される研究方法で、数理学や物理学などはその類にあたる。一方、後者は、政治学や教育学など主として人びとの安寧や幸福の実践に直接的に関わるような分野において採用される研究方法と言うことができる。

ちなみに「宗教」を対象とした学問研究の手法には、もっぱら思想・道理をたよりに究竟の原理に迫ろうとする「宗教哲学」と、世の諸宗教に実地に観察される種々の現象を比較・推究しようとする「宗教理学」(「宗教学」)の二つがある。とは言え、これら二つの研究手法にきっかりと水際を立てることは、事実上不可能である。「真理」というのは、万物万有に普遍的なものでなければならない。そうである以上、「哲学」であれ「理学」(「理科学」)であれ、そこには必ず共通の原理が見出されるのでなければならないからである。

たとえば、特定の物理的事象がなぜ起こるのかについて探究心を刺激された学者が、「理科学」の方法を用いて研究に取り組んだとしよう。その場合、その学者には当該の物理現象とは、一見、無関係に思われる諸他の事象との間に、いまだ発見されていない未知の理法があるに違いないといった想定が不可欠なものとなる。ある現象とその他諸々の現象との間には何の関連性もないと、端《はな》から決めてかかるような人は、そもそも学的に何かを探究してそこに法則を見出そうといった思いに駆られることはないであろう。

このように、世界の万物万象の背後には未知なる遍通の理法ないし原則があるに違いないといった想定、すなわち「思想上の認定」なくしては、どんな学問研究も成り立ち得ないことは明らかである。ただ、そうした「認定」は、私たちが個別具体的な事象についてどれだけ細かく観察・分析したところで、導き出せるような性質のものではない。学問研究に取り組もうとする者にとって、基本中の基本と言うべき「認定」が獲得されるかどうかは、ひとえに純粋な思想論理をたよりに営まれる「純正哲学」にかかっていると言わなければならない。その意味で、「理科学」を含む諸学の基礎には、形而上学としての「哲学」の要素が不可欠であることは明らかなのである。

(ⅱ)「宗教」を定義する

有限と無限㊽

「宗教」というのは、英語あるいはドイツ語の religion の翻訳語で、その語源は「集める」とか「敬愛」とかを意味するラテン語にある。しかしながら「宗教」の概念をめぐっては、西洋の人びとの間ですら多種多様な解釈がなされてきたというのが実情なのである。そこでいま試みに、西洋において提示されてきたいくつかの説を尋ねて、そこに浮かび上がる基本的な構造を指摘するとすれば、どの説も例外なく「有限無限の調和」、「有限の無限に対する実際」、「無限の自覚還元」などとの定義のうちに収まるように思われる。

ここに示した諸定義のどれにも共通しているのは、一項に「有限」が、もう一項に「無限」が想定されているという点である。もっとも、ここで言うところの「有限」/「無限」の二項は、仏教では古来「小我」/「大我」、儒学では古来「人欲」/「天理」などと表現されてきたものにほかならない。したがって、「有限」/「無限」の二項の関係のうちに「宗教」の基本構造を捉えようとする見方は、私たち日本人にとって、別段新奇なものではないとも言える。

「宗教」の成立に不可欠な一項をなす「有限」とは、端的には私たちに経験される形而下の事物のことを指す。私たちが、ある事物を「これ」と認識したり「あれ」と指示したりすることができるのは、「赤色」という認識が「赤」以外の色との差別から生じるように、他の有限な事物との差別を見て取っているからにほかならない。このことが示唆しているのは、約言すれば、私たちが「これ」とか「あれ」として同定することのできる諸事物には、必ず「依立」、「相対」、「部分」、「不完全」等々の属性が確認できるということである。

一方、「無限」というのは、理科学上には「宇宙」、哲学上には「本質」、「真理」、「理想」などとも表現され得る概念で、畢竟、一切の「有限」を集めた唯一の「本体」を意味している。したがって、「無限」は「有限」とは異なり、私たちの観察や経験の範疇を超越しており、その意味で「不可説」、「不可思議」、「独立」、「絶対」、「全体」、「完全」等々の属性を有する「実体」として、形而上にのみ想定され得る概念であるとしなければならない。

「宗教」がもたらす効用㊾

このとき多くの人が疑問に感じるのは、観察や経験の対象とはなり得ない「無限」の実在を、私たちはいったいどのような仕方で認知できるのかということであろう。

私たちが思想・論理を働かせることで「無限」の認知に至るというのは、決して不可能なことではない。あるものが「これ」として認識されるケースを想定してみよう。たとえば「甲」という存在が「これ」として認知されるときには、その反面において「甲」以外のすべての存在を否定していることになる。「無限」は、もとより私たちの見聞知覚の対象となるような存在ではない。しかしながら、私たちの思想・論理が、自己に観察・経験され得るすべての存在ないしは諸現象を、「依立」、「相対」、「部分」にして「不完全」な存在であると認識するときには、そこに論理の必然として「無限」の概念がおのずと浮上してくることになる。この世界に観察・経験されるすべての「有限」が「依立」、「相対」、「部分」、「不完全」な存在として認識されるということは、その否定的反面において、「独立」、「絶対」、「全体」、「完全」な存在が同時に承認されているということでなければならないからである。

このように、私たち人間の思想には、「否定の方法」をつうじて「可触」にして「可思議」、「相対」にして「不完全」な存在として認知され得る「有限」の概念の反面に浮かび上がってくる、「不可触」にして「不可思議」、「絶対」にして「完全」なる何か、という観念、すなわち「無限」の観念を正面的かつ肯定的に成立させる論理の力が、元来、具わっているのである。もっとも、普段の生活では私たちは物事の正面的・肯定的側面を意識することはあっても、物事の反面的・否定的側面について意識することはほとんどない。そのため大概の人は「無限」のような形而上の実在に深く思いを巡らすことがないのである。

「宗教」の成立に不可欠な「有限」と「無限」の二項の関係は、現実の宗教ではしばしば相対の「私」と絶対の「神仏」との、あるいは不完全な「自己」と完全な「天」との関係として語られてきた。「有限」にして不完全な自己が、「無限」なる「神仏」ないし「天」と向き合うとき、両者の間には一種の「調和」が実現される。そのことで有限者の心情に何がしかの変化が生じるであろうことは容易に想像できるに違いない。

仏教や儒教では、有限な人間が無限なる存在としての「仏」や「天」に向き合うことから生じる新たな生のありようは、「安心立命」などという言葉で表現されてきた。「安心立命」というのは、私たちの精神が必要とするものの極点と言えるであろうが、そこには「安心」と「立命」の二つの要素が指摘されなければならない。

自己と神仏とは、本来、無関係ではないといった思念が自己という存在に対する無条件の肯定感につながり、そのことが「安心」の情の芽生えさせる。そして、有限者たる人間は、そうした「安心」の情があればこそ「立命」、すなわち自己の有限な生に前向きに生きていけるようになるのである。

要するに「宗教」とは、一言で言えば、宇宙の妙理・妙性を感知した人の心を至楽の境に「安立」させてくれるものにほかならない。「宗教」がもたらす実際上の積極的効用は、そのような生き方を有限者に享受させてくれるところにあると言えるのである。

(iii)「哲学」から「宗教」へ

有機組織、万物一体㊿

「有限」／「無限」の二項の関係が、いまだはっきりと認知されていないうちは、自我の偏執を離れるのは簡単なことではない。自己という存在は自己を取り巻く無数の有限存在の支えなくしては、到底、存立し得ない。その意味で、自己もまた「相対」、「部分」、「不完全」な存在以外の何物でもないといった思念が獲得されて、人ははじめて「彼我隔歴」の妄見を棄て去ることができるのである。

他の諸々の有限存在の支えがなければ自己という有限は存立し得ないということは、私たちの身体を例にとっても、容易に推察されるに違いない。いま仮に、床の上に自己の身体が直立しているとしよう。身体が直立した状態を保てているのはなぜか。様々な飲食のおかげであるのはもちろん、頭上には空間があり、足下には床板や大地があるからでもある。また、その身体が抱くところの思想にしても、その背後には過去から現在に至るまでの種々の「学術」や「技芸」の蓄積があることは否定できない。

そうした見方の延長上に帰結されるのは、この世のありとあらゆる事物は天上遥空の日月星辰等までをも含めた万事万物との間に千万無量の関係を有しているといった思念であろう。

このように、宇内の数多の有限が互いに関係し合いながら無限世界を構成しているといったありようは、哲学的には「有機組織」と呼ぶことができる。また、無数個の有限が有機的に関係し合って一の無限を構成しているといった俯瞰的な視点からそのありようが捉えられる場合には、「万物一体」と表現することも可能であろう。

かくして、この世のありとあらゆる有限は、相互に有機的に絡み合うかたちで全体世界を構成しているといった新観念が獲得されるに至るとき、それまでは他の有限と対立する「彼我隔別」の存在であるかのごとくに感じられていた「我」は、「一切普遍の我」として感受される。言い換えれば、自己も他者も無限の世界を構成する平等な存在であると実感されるようになる。そのため、自己を愛重せんとする思いは、そのまま無理なく万物愛重の思いに連結することになるのである。

哲学上の大難問(51)

だが、改めて考えてみれば、宗教の存立に不可欠な「有限」と「無限」の関係は単に相対的・対立的な関係をなすものとしては捉え切れない側面があることがわかる。「有限」はどこまでも「有限」であって「無限」ではない。かたや「無限」はどこまでも「無限」であって「有限」ではない。その意味で「有限」と「無限」は、あくまでも排他的関係をなす二項として、論理学上に言われる「不容間位の原理」のうえに捉えられる必要がある。そしてその場合には、「無限」はどこまでも「有限」の範疇外に位置づけられることになるのだが、これらの二項が(たとえば「男」と「女」のように)、単に相対的・対立的な関係にのみ捉えられるときには「無限」も一個の「有限」として理解されることになり、「無限」の観念のうちに「有限」は含まれないといった根本的な論理矛盾が生じることとなる。そのように観念される「無限」というのは、もはや

「唯一」、「絶対」の「全体」ではなく、「無限」本来の定義を満たしていないことは言うまでもない。

「無限」と「有限」の二項が（「男」と「女」のような）通常の対概念に見られるような単純な対立関係において捉え切れないことは、一切の「有限」を包摂する本体が「無限」にほかならないという点からしても理解され得るであろう。つまり、形式上には「無限」と「有限」とは、相容れない二項として観念され得ることは確かだとしても、内容からすれば決して排他的な関係をなすものではないとされなければならないのである。

事実、「有限」と「無限」の関係をめぐる議論というのは、古来、哲学上の大難問であり続けた。宗教の根本義に迫ろうとする「宗教哲学」の営みにおいて避けて通れないこの思想課題については、今日に至るまで、なお一人も明解を与えることができていないというのが現状である。この大難問に明解を与えることにこそ、私の使命があると言っても過言ではないのである。

先に私は、人の思想には「否定の方法」をつうじて「無限」の観念を論理的・哲学的に導き出すことのできる性能が具わっていると述べた。しかしながら人間の思想の働きには限界があることも指摘しておかなければならない。思想というのは、あくまでも有限な人間知の営みである。してみれば、私たちの思想上の考察の対象となり得るのは、どこまでも有限な事象であると言わなければならない。このことは、換言すれば、私たちは有限な知を駆使することで「無限」の観念の手前までは行くことができても、「無限」が実在のものであるか否かについては最終的な決定を下すことができないということでもある。したがって、人間の精神の対境となる「無限」の実在が宗教上に説かれるのは、厳密には、信仰上の決定によると言う以外にないのである。

ここに私たちは哲学と宗教との区別、哲学の範囲内では語り尽すことのできない宗教の事実の一端を見ることができる。

Ⅱ 自力門の宗教と他力門の宗教

(i) 一体二重の関係

二種の不同の命題[52]

物事の真偽を論理的に突き詰めた末の判断で、なおかつ十分な意味を持つと考えられる結論のことは、哲学の用語で「命題（proposition）」と言われる。哲学上の営みにおいては、一つの事柄をめぐって二種の異なる「命題」が成立するというのは、原則として認められない。そのため哲学の営みは、唯一の「命題」に辿り着くまで止むことがない。ところが厄介なことに、「有限」と「無限」の関係について哲学的な考察がなされる場合には、どうしても二項は「別体」であるという論理的帰結と、二項は「同体」であるという論理的帰結の、二種の異なる「命題」の成立を許してしまうことになってしまうのである。

このうち「別体」論に関して言えば、「有限」と「無限」の二項はどこまでも対概念をなすものとしなければならない。「甲」／「非甲」の形式のもとに対立する二項は、一項が成り立たなければ、当然、他項も成り立たない。そうした点に着目すれば、「有限」と「無限」は「同格の関係」において対立する二項であると理解されなければならないし、その場合には互いに排除し合う関係にある二項と捉えられることになるため、「有限」と「無限」は各々「別体」をなすものとされる必要がある。

しかしながら、私たちが、通常、対をなす二項として思い描かれる対概念に認め得る関係というのは、「物」と「非物」、「色」と「非色」、「心」と「非心」のように、「甲」／「非甲」が相俟って一つの全体を構成するか、さもなければ「男」と「女」のように、一項は特定の領域や部分を指し、他項はその反面の領域や部分を補完しているものが大半を占めている。他方、「有限」と「無限」の場合には、通常の「甲」／「非甲」の関係とは明らかに異なる事情が指摘されなければならない。すなわち、対概念の多くは「同格」の関係において対立する「別体」と見ることが可能だとしても、「有限」／「無限」の二項間には明らかに「格」の違いが認められるということである。換言すれば、「有限」／「無限」の二項は元来、「同体」かつ「異格」でなければならないにもかかわらず、一見しただけでは「別体」かつ「同格」の関係において対をなす諸他の対概念と区別がつきにくいという点に、その特殊な性格が指摘され得るということである。

このように、表現形式上には、通常の対概念と区別されにくいものの、内容的に見れば「同体」であるはずの二項が「異格」の関係において対立している対概念の例としては、「有限」／「無限」のほかにも「差別」／「平等」、「多」／「一」、「自立」／「依立」、「部分」／「全体」等々を挙げることができる。

両重の存在[53]

「無限」の観念を獲得して「宗教」の領域に一歩でも足を踏み入れた人は、自己はどこまでも「有限」な存在であって「無限」ではない、との揺るぎない認識とともに、自己は断じて「無限」と別異の存在ではないといった、二種の異なる認識を心内に併せ持つ存在となる。そこに生じる新たな認識は、自己という「一体」を「無限」と「別体」であると同時に「同体」でもあると受け止めているという意味で、自己自身を「両重の存在」と捉えていると言うこともできるであろう。

もとより、自己という存在が「有限」でもあり「無限」でもあると認識されるというのは、「哲学上の談議」から導かれる一つの帰結にすぎない。語を換えて言えば、いくら思想哲学上の論理矛盾に直面させられたとしても、そのことで根本が揺るがないところに私たちの生の現実があるということでもある。したがって、「有限」と「無限」の関係をめぐる思想哲学の営みが難問題に直面させられるということと、論理的根本矛盾を抱えながらも生きていけるということとは、そもそも次元の異なる事態であると言わなければならない。

もし仮に、この先の未来に「哲学」がすべての「宗教」に取って代わることがあるとすれば、私たちは「宗教」と「哲学」を区別して考える必要などないと言えるのかもしれない。けれども、「宗教」を成立させる根本要件が、有限な自己と無限なる神仏とは別異なる存在ではない、自己はほかならぬ「両重の存在」であると感得されるところにあるのだとすれば、まさに「哲学」の終わるところに「宗教」の事業は始まると言わなければならない。

(ⅱ) 主伴互具

没差別的世界観[54]

私たちがなす論議や思索が「言句」や「文字」を媒介になされていることについては否定できない。しかしながら「言句」や「文字」というのは、「無限」を的確に言い表すことのできる道具とはなり得ない。それらはあくまでも、有限界に身を置く人間が編み出した相対的なものでしかないからである。したがって、「有限」と「無限」の関係を覚知した先に成立する「宗教」をめぐる事柄について、私たちがあれこれと論じたり考えたりしようとするときには、非常な困難に直面させられるのは免れ難い必然と言うほかない。

とは言え「宗教」の根本義に迫るには、私たちは言葉に頼る以外に、有効な手段はないことも事実で、「言句」や「文字」が、所詮、相対有限界の道具にすぎないとしても、工夫如何《いかん》によっては有効な手立てとすることは可能なのではないだろうか。しかるに、当代の有識者のなかには、

「言句」や「文字」というのは、有限薄弱な人知が生み出したものだからとの理由で「哲理」を蔑《なみ》し、「法理」や「数理」までも蔑しようとする、卑陋かつ短絡的思想に走る人がいるのも事実なのである。

道理の観点からして「有機組織」、「万物一体」といった見方を否定することは難しい。だが、「有機組織」、あるいは「万物一体」といった見地から世界のありようが捉え直されることには、ある種の不都合が伴う。そうした観点から世界全体が眺められるときには、同一平面上に「有限」と「無限」とが並び立つかのような印象が拭えない。そのためややもすれば、個々の「有限」が「無限」のうちに埋没して、没差別的な世界観を出来《しゅったい》させかねないといった問題が生じてしまう。ここに指摘できるのは、畢竟、「有限」が「無限」のうちに塗り込められて「無限」と同化してしまうことで存在のかけがえなさが見失なわれるのと同時に、宗教が本来果たすべき重要な役割、すなわち個々人の実存的な欲求に応えるという役割が後景に退くことになりかねないといった問題にほかならない。

表現形式上、対をなす「有限」と「無限」の二項は、あくまでも「異格の関係」において対立する二項として理解されなければならない。したがって、これら二項の関係をより実態に即したありようで捉えようとすれば、「有機組織」、「万物一体」といった二次元的・平面的な見方ではなく、立体的・三次元的な見方を導入する必要があるものと思われる。

主伴の関係(55)

無数の有限が有機的に関連し合いながら個々の有限が活動しているというのが、無限世界の内実である。このことは見方を変えれば、無限界内で繰り広げられる諸活動というのは、ある有限は「主」となり他の有限は「伴」となるといった具合に、常に共働的な関係にあるということでもある。たとえば、議会の壇上で人物〈甲〉が演説しているとしよう。この場面だけを切り取れば、演説中の〈甲〉が「主公」で、演説に耳を傾けているその他の人びとは〈甲〉の「伴属」と見ることができる。だが、〈甲〉の演説に続いて〈乙〉が壇上で演説を始めるやいなや、それまで「主公」であった〈甲〉は、〈乙〉の「伴属」となって、「主」と「伴」の立場が入れ替わることになる。

このように、この世の活動の一々が互いに「主」となり「伴」となるような関係において捉え直されるとき、どの有限のどんな活動にも「伴属」としてそれを支えるその他すべての有限の活動が背後にあって、個々の活動に「無限」の全体が尽されていると見ることができる。そのように有限各個が互いに「主公」となり「伴属」となるようなしかたで世界全体の活動を織りなしているといった見方は、「主伴互具」とか、「主伴互融」とかと表現することができるであろう。「主伴互具」とか「主伴互融」といった見方を導入することで、無数の有限によって織りなされる無限の世界が立体的に把握されることの最大の利点は、「有限」と「無限」との「一体二重」の関係を無時間的・直観的に把握できるところにある。「言句」や「文字」は、〈甲〉と言えば

〈乙〉ではなく、〈乙〉と言えば〈丙〉ではないといった具合に、世界の事物を二元次的な論理で捉えるという点では、確かに便利な器械ではある。無論、「主伴互具」、「主伴互融」といった見方にしても、有限な「言句」や「文字」を媒介とした説明であることに変わりはない。しかしながら、有限な「言句」や「文字」も、それらをうまく用いることで三次元的なイメージ世界を人びとの脳裏に浮かび上がらせることが可能になるのである。

仏教では無限の世界は、しばしば「大海」に譬えられる。海の水は、元来、平等一味のものではあるのだが、海面の波節は現れては消え、現れては消えということを繰り返しており、しかもどの波節も厳密には一つとして同じものはない。このように海面に立つ波節というのは、種々の事情により千態万状の差別相を示してはいるものの、そのどれもが無限本体の独立自由の表徴、無限本体の表現と見て差し支えないのである。

要するに、仏書(『大乗起信論』等)に採用される「水波」の譬喩は、大海(無限)と波節(有限)との間の立体的な関係を私たちの脳裏に想起させることで、どの有限にも世界の「主公」たる資格があることを教えてくれるのと同時に、「伴属」たる一々の有限にもそれぞれに無限が尽されているといった世界観を人びとに領得させる効果を発揮してきたと考えられるのである。

(iii) 自力門と他力門

空想の効用[56]

ところで、私たち人間が知を働かせて有限界内の諸事象を把握するありかたは、「実想」と「空想」の二種類に区別され得る。

「実想」とは、端的には肉眼による観察をつうじて外界の物事を認識するありようのことで、この働きは、人間のみならず動物一般に広く認められる。現に多くの場合、私たちは肉眼をつうじて外界の事物を捉えている。しかし、肉眼には一つの盲点が指摘されなければならない。それは、肉眼では自分自身を観察・認識できないという点である。そのため、「実想」だけに頼って生きている人や動物には、自己を取り巻く諸事物は、基本的に自己の存在を脅かす外敵か、さもなければ自己の生存のための手段と捉えられることになる。

だが人間には、「実想」と同時に「空想」を働かせて生きていける能力が具わっていることも確かであろう。肉眼は、自己を「主体」として外界の事物を捉えることはできるとしても、自己を「客体」として捉えることができない。にもかかわらず、私たちが自己を自己として客観視できるのはなぜなのか。それは、肉眼とは異なる自己の外部に仮想された視点から、自己を「空想」的に省みることができるからである。そのような「空想」の働きは、「自覚」とか「反省」などと言い換えられるであろう。少なくとも人間は、自らを省みる第二の眼を獲得することで、はじめて自己という存在が数多の外物に支えられてあるといった確たる認識に立って生きられるようになるのである。

「宗教」の成立に不可欠なのは、そうした「空想」の働きにほかならない。空想的な視点から自らを省みることのできる人は、自己がほかならぬ「両重の存在」であると「自覚」している人でもある。したがって「空想」の眼《まなこ》をもって自らの生活に向き合おうとする人は、有限で不完全な現在の自己を無限で完全な自己たらしめるべく、おのずと修養の道へと駆り立てられることになる。

しかしながら「両重の存在」という自覚には、自己は「有限」でもあり「無限」でもあるといった、論理上・思想上の矛盾が内包されている。そのため、私たちが具体的な行動を起こそうとする際には、しばしば逡巡が生じることにもなる。とは言え、常に何かを決断して行動するところに営まれるのが私たちの生なのである。そうである以上、思想上の矛盾を乗り越えて実践のための第一歩を踏み出すには、どうしても「同体論」か「別体論」のどちらか一方の見方を、自己が依って立つ思想上の足場として選択する必要に迫られることになる。

自他力二門の成立(57)

その際、「同体論」を自己が取るべき「主義」として日々の生活に向き合おうとするところに成立するのが、いわゆる「自力門」の宗教である。

「自力門」の宗教では、「両重の存在」であるところの自己は、基本的に仮想された空想上の視点から自覚的・反省的に捉えられることになるため、自己は本来、無限と別異なる存在ではないとの思いが必然的に強くなる。そうした思いは、自己に絶対の安心をもたらすとともに、現在の自己に無限の性能が隠在しているといった確たる自信につながることは、想像に難くない。したがって、「同体論」を自己が取るべき「主義」、自己が依って立つ思想の足場として選択する人は、自らに内在する「隠的無限性」を開発して「顕的無限体」に至ろうと努めることになる。

一方、「別体論」を自己の取るべき「主義」と見定めたうえで生の現実に向き合おうとするところに成立するのが、いわゆる「他力門」の宗教である。

自己を取り巻く世界が「実想」の視点から眺められるとき、万物万象は自己外部の存在として映ることになる。そうした見方は、いきおい自己が孤立的な存在であるかのような思いを掻き立てずにはおかないのと同時に、自らの努力で無限の境遇に至ることができる能力など自分にはないといった思いを掻き立てずにはおかないであろう。

無論、いくら自分自身が度し難い存在のように感じられたとしても、意識の裏面には有限無限の「同体論」が不可分一体に貼り付いている以上、済度の可能性が完全に否定されているというわけではない。要するに、「他力門」の宗教を自己の立脚地として生きようとする人は、「別体論」を基想として自己と無限の関係を捉えているため、「自力門」の宗教を自己の立脚地として生きている人に比べて、自己を無限の境遇に至らしめる性能は自己外部の「他力」にあると実感されることが多くなるということにすぎないのである。

Ⅲ　因果の道理

(i)「転化」の法則

因縁果の理法[58]

仏教の常套句の一つに「有為転変」がある。「有為」とは、何らかの外的働きかけを受けて生じた有限な事物のことを、「転変」とは、そのようにして生じた有限は移ろい転ずることを免れないことを意味するのだが、宇内の万有はそれぞれ開発・活動の事象であって、少しも静止・停息することがないとする仏教の基本的世界観は、日本人の間で広く受け入れられてきた一種の「命題」と言ってよい。

ところで、万有は外的要因のために転変してやまないことを確かな道理として受け入れている人というのは、この世に観察されるどんな現象の背後にも必ず整然たる秩序ないし法則が存在することを、暗黙裡に認めている人であるとも言える。もし仮に、万有の転変が何の秩序や法則もなしに起こるとすれば、「瓜の種に茄子がなる」といった乱起乱滅の庬雑無常を是認しなくてはならないであろう。

就中《なかんずく》、万有万象間の秩序ある聯絡を解明すべく、鋭意取り組まれてきたのが学問研究である。

学問研究の営みが今日まで廃れることなく続けられてきたのは、この世の諸現象の背後には起こるべくして起こった理拠が必ずあるに違いないといった、人類の間で共有されてきた一種の確信があることは間違いない。

古今東西どの宗教においても、「善行」には善い報いがあり「悪行」には悪い報いがあるといった「因果応報」が説かれてきた。殊、仏教の場合には、「因果応報」説は「因」、「縁」、「果」の三要素の相互作用によって引き起こされる「転化」（「変化」）という観点から事細かに分析され、論じられてきた長い歴史がある。

仏教で言うところの「因」とは、端的には「転化」する以前の有限存在に具わる内的原因のことを、「縁」とは、「因」に作用してそれまでとは別の状態に有限を「転化」させる外的要因のことを、「果」とは、「因」が「縁」に触れることで新たな傾向が付加された有限のことを意味している。「因」、「縁」、「果」の三要素の相互作用によって引き起こされる「転化」のわかりやすい例としては、南に進んでいた船体（「因」）が、東風を受けた（「縁」）ことで、南西方向に進路を変える（「果」）といったありようを挙げることができる。

理論上の決定[59]

ただ、「因」は「縁」の働きを受けて「果」の状態に変化すると言っても、それまである状態を保っていた事物がまったくの別物に転じることを、私たちは決して「変化」とは呼ばないであろう。「因」と「果」の間に認められる「変化」(「転化」)には、そのどこかに常に一貫して変わらない要素があると想定されていなければならない。別言すれば、私たちが「変化」を認めるときには、必ずどこかに「因」「果」を貫いて「縁」の作用を受け止める「中心体」のようなものが想定されている必要があるということである。先の南進する船の例で言えば、外部から吹きつける風を受け止める船体が「因」「果」を貫いて「ある」としなければ、「変化」という見方自体が無意味なものになると考えられるのである。

だがこのとき、私たちの知は否応なく、以下のような矛盾に向き合わされることになる。一方では「有為転変」を世上の一種の「命題」であると認めておきながら、他方では「因」「果」を貫いて「縁」の作用を受け止める不変の実体を認めるといった矛盾がそれである。

こうした矛盾は、実際「因」「縁」「果」の相互作用という観点から事物の「転化」について分析・説明してきた仏教の思想において指摘されてきた矛盾でもある。仏教では、「自業自得」とか「自因自果」といったことが言われもする。自己がなした行いによって生じた結果は自己自身が引き受けなければならないといった意味なのだが、ここで言われるところの「自」も、変化の前後を貫く不変の実体として想定されていることは明らかであろう。

もっとも、仏教思想上に想定される不変の実体というのは、事物の変化の背後に整然たる秩序や法則を認めるからには、理論上「ある」と断言せざるを得ない実体であって、観察経験をつうじてその存否を確定できるような性格のものとは明確に区別される必要がある。

「無限」の概念がそうであったように、実物界に該当物を見聞・覚知できないようなものであっても、その実在を理論上に確定できる能力が人間の知には具わっている。理論上に想定され得る実在というのは、あくまでも形而上・思想上の産物ではある。だからと言って、そうした観念が実物界とは無関係に「空想」された「虚想」であるかと言えば、決してそうではない。もとより私たちの思想というのは、実物界と無関係に働くものではない。身の回りに実物として観察されたり経験されたりするような卑近な事物のうちに見出される要素を概念として抽出することで、実物と離れて心象に現じるものこそ、「空想」の産物たる「思想」の正体にほかならないのである。

約言すれば、作用の「中心体」があるに違いないといった思念は、畢竟、実物界に現成する諸事物を観察した先に導かれ得る「理論上の決定」としてはじめて獲得されるものであって、「虚想」とは明らかに一線を画しているということである。

(ⅱ) 霊魂論

霊魂不滅説[60]

人間は「万物の霊長」と言われる。この言葉に見て取れるのは、精神作用の活発さという点では人類にまさる有限存在はいないといった人間観にほかならない。少なくともそうした人間観に立脚する限り、精神を漸次、発達・進化させつつ生きていくという点にこそ、人間の人間たる所以があるとしなければならない。

精神は発達・進化するものであるとの前提に立って有限存在が捉えられるとき、そこには当然、因果間の変化を貫いて種々の「縁」を受け止める「中心体」の想定が不可欠となる。とりわけ人びとに「因果応報」を説く宗教上の議論においては、「過去」、「現在」、「未来」の「三世」の因果を貫いて、「縁」の働きを受け続ける不生不滅の「霊魂」の実在が、しばしば問題とされてきた。

「宗教」が目指す最終的な到達点は、種々の「縁」の刺激を受けた「霊魂」が「転化」した結果、自己と有機的につながり合う他の一切の有限な事物を統制して絶対無限の同一本源に帰入することにある。このことは裏を返せば、「因位」の「霊魂」が無限の「果位」に到達するには、文字どおり無限回の「転化」が必要とされるということでもある。しかしながら、無限回の「転化」が求められる宗教上の一大事業が今生において完成され得るとは考えにくい。多くの宗教において「転化」の「中心体」としての「霊魂」が不滅であると説かれてきた背景には、そうした事情があるものと思われる。

とは言え、宗教上に説かれる様々な教えのなかでも、「霊魂不滅説」ほど荒唐無稽な説はないと考える人も少なくないようである。なぜ多くの人は、「霊魂不滅説」をこのうえなく荒唐無稽な「妄説」であると考えるのだろうか。

「霊魂不滅説」を「妄説」と断じる人の多くは、人の一生を誕生から死までの間のことと見て、霊魂の滅否に関する思想上の問題を身体上に観察され得る生死の判断と結びつけるかたちで判定しているようである。だが、そのような生死の判定方法からして、そもそも道理に反していると言わざるを得ない。なぜなら、私たちの身体を構成している無数個の細胞は新陳代謝の働きによって常時入れ替わっており、細胞レベルで見れば人の身体というのは、数年ないし数十年のうちに「死」を経験していると見ることもできるからである。

そこで俄然、注目されてくるのが「自覚」の働きである。人の記憶というのは、常に書き換えられ、変化し続けている。しかしその変化は、外形上には決して観察されることがない。にもかかわらず、そこに同一性が保たれていることについては、何ぴとたりともこれを否定することはできないはずである。要するに、新陳代謝の働きで身体上には幾度も「死」を経験していながら、なお自己が自己であり続けていると断言できる有力な根拠の一つは、この「自覚の一致」という経験上の事実に指摘できることは間違いないのである。

このように、自己を自己たらしめている「自覚の一致」の働きは、「霊魂」における根基作用であり、因果秩序の認知の源泉でもあると考えられるのだが、人間の成立について多少なりとも深く考察するならば、身体上の変化をそのまま霊魂滅否の判断に結びつけるという発想自体、大いに疑問が残るであろう。

宗教上の議論[61]

さらに言えば、「霊魂不滅説」が単なる「妄説」でないことは、理科学上に認められる「勢力保存の原理」という観点からも、あるいは説明することが可能かもしれない。「勢力保存の原理」というのは、世界全体の勢力（エネルギー）の総量は一定不変であって、様々な事象を生起させる勢力そのものは、事象が生じる以前も、事象が消滅して以降も失われることはないとする理科学上の定説のことを指す。そうした理学上の「原理」に立って改めて霊魂存否の問題について考えをめぐらせば、「無」が「有」を生じさせることがないように、私たちの精神作用を発動させる勢力にしても、私たちが生まれる以前からこの世界のどこかに存在していたし、肉体が滅びて後も失われることはないとの結論に至らざるを得ないであろう。

ともあれ霊魂は「三世」にわたって不滅であると考えるに至った人が、従来のものの見方を一転させて自身の生き方を劇的に変化させてきたことは、紛れもない事実である。ただ、このときゆめゆめ誤解してはならないことがある。何かと言えば、「霊魂不滅」というのは、理科学的な説明をもってその説の正しさが十全に証明され得るような性格のものではないということ、別言すれば、あくまでも無限の理想に対向するところに成り立つ宗教上の議論の過程において導かれてくる「理論上の決定」にほかならないということである。

宗教上に見据えられる諸課題というのは、我が身において無限の理想を体現したい、有限と無限の一致を果たしたいとの切実な主観的欲求、換言すれば人心の「至盛の要求」があるところにはじめて浮かび上がってくるものなのである。したがって、理科学的（客観的）に霊魂不滅が証明された後でなければ宗教上の諸課題は見えてこないと考えている人がいるとすれば、その人は宗教思想の本質を誤解していると言うほかない。してみれば、いまだ「有限」と「無限」の関係を覚知しておらず、宗教の関門を通過していない人が、宗教上に主張される「霊魂不滅説」や「生前死後の世界」などをめぐる議論を「妄説」であると断じるのも、決して故なきことではないのである。

（iii）「転化」の理論

転化の二相[62]

ところで、外的作用を受け止める「中心体」として理論上に存在が想定され得る「霊魂」の転化について考察するには、①時間上の関係と、②空間上の関係の二種の観点が導入される必要がある。前者は、「因」から「果」への開展という同一主体上の変化に着目したもの、後者は、転化の主体であるところの「因」に対し、その外部から影響をもたらす「縁」との関係に着目したものと言うことができる。

宗教上に見据えられる正面的課題は、どうすれば「因位」の自己を無限の「果」へと至らしめることができるかということにある。その意味で、因果的（時間的）関係の観点から捉えられる「一条の変化」は、「正系の転化」と呼ぶことができる。仏教で「自業自得」とか「自作自受」とかいうことが言われるのも、「正系の転化」に着目しての物言いと言ってよい。

しかしながら、「正系の転化」の観点からの分析だけでは、霊魂の開展・変化をめぐる考察としては不十分な点が残る。どんな「正系の転化」も他分子からの働きかけなくしてひとりでに起こるということは考えにくいからである。

ドイツの哲学者・ヘーゲルによれば、一定の状態を呈して存するところの現今の事物（「正《テーゼ》」）は、おのずと現今の状態を脱してそれとは反対の状態（「反《アンチテーゼ》」）を呈し、さらに「反」の状態へと変化した事物は、またおのずと「正」の状態と結合することで以前よりも発展した状態（「合《ジンテーゼ》」）に転化していくのだとされる。だが、そうしたヘーゲルの説明には、同一主体上に認められる一連の変化を引き起こす他分子との関係が考慮されていないといった欠点が指摘されなければならない。要するに、「因」は他分子としての「縁」からの働きかけを受けることでそれまでになかった新傾向が付加され、そのことではじめて「果」へと変化するということを転化の実態に即して理解しようとすれば、「因果的関係」に着目した考察と併せて「因縁的関係」に着目した考察も不可欠になってくると考えられるのである。

その場合、「因」の転化を促す諸々の「縁」にしても、無窮の過去から他の分子からの様々な「縁」を受けて転化してきた一個の有限であることは言うまでもない。だとすれば、「因」に対して作用する「縁」もまた、「正系の転化」とは別系統の「因果的関係」のうちに開展してきた一個の有限な「主体」と見なされなくてはならないということになる。

そのように、「正系の転化」に対して「因縁的関係」をなす、その他諸々の「有限」の転化は「傍系の転化」と呼ぶことができる。

宗教上の諸事業(63)

このとき一つ留意すべき点がある。それは、親子間の遺伝的影響というのは、どこまでも「因縁的関係」として理解されなければならないということ、翻して言えば、親子間の遺伝的影響を「因果的関係」と見るのは不適切だということである。

生物学上では、生物の進化というのは先代の経験の結果を継承・積集することから起こるといった説明がなされる。そうした事情もあってか、親からの遺伝的影響は子にとって決定的要因であるかのように考えている人も少なくないようである。けれども、遺伝的影響が「因果的関係」において捉えられる場合には、子というのは「因」である親が転化した「果」であるということになるであろう。そのため、複数の子を持つ親はいったいどの子に転化したのか、皆目、見当がつかなくなることに加えて、親子の間に「自覚の一致」が認められない理由についても説明がつかなくなってしまう。

霊魂の転化をめぐる論議や説明というのは、あくまでも宗教の門に入るという主観的経験を前提に展開される、「宗教上の言議」に属するものなのである。したがって、いまだ宗教の門をくぐっていない人にとって、霊魂の存在や転化をめぐる議論や説明が無意味なものに感じられてしまうのも、致し方ないことなのかもしれない。

もとより宗教の門を通過した人の眼には、自己のみならず自己と関係するすべての存在をも救済せずにはいられないといった無限の理想が見据えられている。自己という存在をはじめ、無数の有限が有機的に関係し合って無限世界を構成しているということは、見方を変えれば、無窮の過去から現在に至るまで無数の「縁」として作用してきた「傍系の転化」が、「正系の転化」のうちに悉く尽されているということでもある。

私たちは自分にとって不都合な事態が起これば、つい外的要因のせいにして自己以外のものを変えようとしがちである。そうした見方は「他因自果」の発想に基づくものとも言えようが、「他因自果」の発想に立って自己の行業が解釈されるときには、私たちはどうしても自己の先天性や習慣に対する責任を父母や他人に転嫁したいといった思いに駆られてしまう。

けれども、いったん私たちが一霊魂の因果を貫く「正系の転化」のうちにこの世界のすべての「傍系の転化」の来歴が刻まれているといった道理に目覚めたならば、自らに経験される事柄の一切を「自業自得」の結果と受け止め、自らの行いに専注することで、現実世界の諸事業に向き合うことができるようになる。宗教の門に入った人にしてみれば、自己の能力の不足をどれだけ外物のせいにしてみたところで、実存的課題の解決に何ら寄与しないことは論を俟たないであろう。

Ⅳ 「静的説明」から「動的説明」へ

(ⅰ) 無限の因果

因果方軌の形式[64]

「甲」の状態を呈していた「因」が、「縁」の刺激を受けて「乙」の状態を呈するようになることとは、一般に「転化」と言われる。このことは取りも直さず、転化する以前と転化して以降の二象間には感覚的に把捉可能なレベルで差別的要素が認められるということを意味している。

　だが、先にも指摘したように、甲―乙の間に認知される差別的要素だけに着目していたのでは、私たちは万物の「転化」の理法を根本的に見誤ることになる。甲―乙の前後二象間に差異が生じたと認識されるには、「転化」という現象の基底に不変化的・平等的な主体のごとき何かが想定されている必要があるからである。もしそうでないとすれば、この世の万象万化は単に突現、忽没、厖々紛乱の相を示すだけのものということになるに違いない。以上の道理から導かれてくるのは、変化的・差別的性格を認め得る甲―乙の形状と、不変化的・平等的性格を認め得る甲―甲の形状の二種の形状が総合されるところに、私たちははじめて真正の「因果方軌の形式」を見て取ることができるということである。

「縁」なしに「因」がおのずと「果」に転化するということはあり得ない。このことは、万有界中の最重要の原則と言っても過言ではない。有限界内のどんな事物も、独立的無原因の発作をなすということはない。実際、真正の「因果方軌の形式」に従って事物の「転化」が起こるには、「因」に接触して新たな性向を感伝させる「縁」の働きを待つ必要がある。その際、事物の転化を促す「縁」には、理論上、次の二つの性格が指摘されなければならない。一つに、「縁」は有限な「因」に対して働くものである以上、必ず有限的性格を帯びていなければならないということ、二つに、「因位」の有限を開発して無限の「果」へと至らしめる働きをなすものである以上、無限的な性格をも同時に持ち合わせていなくてはならないというのがそれである。

有限界の諸活動(65)

とは言え、無限の真実相というのは、有限界内の因果の網には引っかからないもの、換言すれば私たちにとって見聞・知覚の及ばない、その意味で因果の理法を超絶したものと言わなければならない。

そこでいまいちど、有限と無限との関係を根本原理に立ち戻って捉え直せば、不断に変化し活動する無数の有限によって構成されるのが、無限の本体にほかならない。そのため、有限と無限は、元来、一体をなすものと理解される必要がある。したがって有限無限の二項の関係を実態に即したありようで把握しようとすれば、有限を表面《おもてめん》としてこの世界に事物が顕現するときにはその裏面に無限性を伏在させており、無限を表面として湛然寂静の体を保っているときにはその裏面に有限性を伏在させているといった具合に、二つの視点から世界の実相を捉えるのがより適切ではないかと考えられるのである[66]。

その場合、物事を因果の網のなかでしか捉えられない私たちが、論理的な撞着に行く手を遮られることなく処世の道を着実に歩んでいけるようになるには、有限を表面とし無限を裏面とする見方か、さもなくば無限を表面とし有限を裏面とする見方のどちらか一方を、自らの「主義」として選択する必要に迫られる。すなわち、自力門の立場を選ぶか、他力門の立場を選ぶかの二者択一を迫られることになると考えられるのだが、いずれにせよ因果を超越した無限の働きが有限界に展現することで、はじめて有限と接触することができるとともに、伏在する無限の性能を感伝させる「縁」となり得るというのは、有限と無限の本来的関係からして道理に反したことではないと言わなければならない。

このように、有限界内で経験されるどんな出来事にも、必ず無限の性能が含蔵されているといった認識は、すべての有限は無限本位の因果の所産にほかならないとの結論に私たちの知を導かずにはおかないであろう。実際、仏教では「向下門」(「流転門」)、「向上門」(「還滅門」)ということが言われる。「向下門」とは、「元一本体」である無限が自らその本位を棄却して相対差別の因果界に顕現する活動のことを、「向上門」とは、そうした活動とは逆に、いったん有限界に顕現した無限が再び本位に帰還する活動のことを意味している。

もっとも、「元一本体」としての無限が「向下」と「向上」という正反対の活動をなすといった説明に直ちに同意できる人は、いるとしてもそれほど多くはないのかもしれない。だが、たとえば「煙が上る」と「雨が降る」といったような、一見、正反対の作用をなすかに思える二つの現象は、その実、有限界内で起こる物質の引排作用という一現象にほかならない。そのように、「向上」も「向下」も、一の無限の活動を異なる視点から捉えた見方にすぎないとも言えるのである。

もとより、表裏一体の関係において捉えられる二項というのは、何かの事情をきっかけに、いつ何時表裏の逆転が起きたとしても、まったく不思議ではないであろう。であってみれば、無限の本体から顕現したどんな現象も、あたかも水面に生じた波がたちまち大海の水と一体化してその個性を消し去るように、必ず本位に復還するのは当然のことと言わなければならない。

(ii)「内証」の表明

主観的事実の表明[67]

学問研究においては、思想推理を正しく作動させて真理の追究に努めさえすれば、誰もが同じ結論に至れるということが一応の建前となっている。学問上に導かれる成果が客観的事実と称される所以である。

だが、そもそも学問上の正しさとは何なのか。なぜに学問上の論定は真理性を標榜できるのか。

この種の問いに私たちが改めて真向かいになるとき、学問研究における知の営みにおいては観察や考究の対象となる諸事物は、世界の外部に仮想された固定的視点から「静的」に捉えられているといった特徴が指摘できるであろう。

「哲学」においては、二種の不同の命題が並び立つことは基本的には許されない。それとは対照的に、自己が「両重の存在」にほかならないと感受されるところに成立するのが「宗教」なのである。しかしながら、そうした宗教上の感得を、いざ言葉を用いて説明しようとすれば、私たちはどうしても有限を表とし無限を裏とする「一静体」と、無限を表とし有限を裏とする「一静体」という二個の「体」が別々に存在するかのような言い方を採用するほかないように思われる。

聞く人に二個の静的別体の存在を想起させるような説明が、宗教上に感得される内面の事実を正確に言い表したものでないことは言うまでもない。殊、宗教思想上に想定される有限な自己は、元来、無限なる神仏と別異なる存在ではないとも認識されているのである。したがって、自己と無限との関係が言葉によって表明されるときには、語られるべき対象を「静的」に捉えることは事実上不可能となる。語る主体であるところの自己は、自己によって語られる容体でもあるからである。要するに、宗教上の事実についての説明が自己の外部に設定された視点からなされている限り、その語りはどうしても限界を露呈させてしまうことになると考えられるのである。

人間は古来、宗教を必要としてきたし、現に宗教の命脈は今日もなお廃れることなく保たれている。それはひとえに、多くの人びとが求めてやまない至盛の要求に、宗教がそれなりに満足のいく答えを提示してきたからでもある。このことが示唆しているのは、宗教上の諸事業は、一にも二にも主観的事実のうえに営まれるということ、翻して言えば、外的事物との関係や他人の意見等の客観的事実という観点からその正否や真偽を論じてみてもはじまらないというところに、宗教の実際があるということであろう。

だとすれば、宗教の根本義に迫るべく取り組まれる「宗教哲学」において何より大事なのは、主観的事実、すなわち無限に対向した有限者の心内に経験される内的事実に深く切り込み、その内的構造を可能な限り明らかならしめようとする姿勢ということになる。

動的説明(68)

しかしながら、主観的事実として表明された宗教上の事柄をめぐって、その正否や真偽を判断することは、はたして可能なのだろうか。いや、そうした問題について思いをめぐらす以前に、私たちは正否とか真偽とかということを、どのように理解すべきなのか。

主観的であれ客観的であれ、何らかの事象が現に観察されたり経験されたりしたという事実は、その背後にそれらの事象を生起させた、然るべき道理があることの確たる証拠と見ることができる。世界に生じるいかなる事象も、因果の道理に依らずして独立的無原因の発作《ほっさ》を起こすことはあり得ないというのが、有限界内の普遍的道理なのである。ゆえに、主観上に経験された事柄だからと言って、その事実を偽であると決めつけるのは、むしろ道理に外れた所業であると言わなければならない。

仏教では、「内証」（「自内証」）ということが言われる。自己の主観において確実であることが証明され、かつ自らの心に真理であると受領されることを意味する仏教用語である。有限と無限の関係を覚知して宗教心を獲得した人が、主観的に経験される事実を言葉にするという行為は、無数の有限によって織りなされる無限世界のうちに見出された自己を自己自身が語るという営みにほかならない。この営みにおいては、主観的事実を表明する主体は同時に語られる客体でもある。そのため、そこでは語る自己も、語られる自己も、諸他の有限と同じく種々の「縁」によって変化し続ける一の「転化の成分」として認識されなければならない。

宗教上の語りと学問研究上の語りとの決定的な違いは、まさにこの点に指摘できる。すなわち、自己と自己自身をとりまく世界との関係について語ろうとするところに宗教上の語りが成立するとして、そこでなされる説明は学問研究上の語りが基本的に固定的視点からなされる「静的説明」であるのとは違って、「転化」を前提とした自己の視点から「転化」してやまない自己が語られるという「動的説明」のかたちをとらざるを得ないと考えられるのである。

(iii)「哲学」の範囲

宗教上の説明[69]

無数の有限が互いに「主」となり「伴」となって無限の世界を有機的に構成しているというの

が、宗教思想の成立に不可欠な世界観である。そうした世界観は、いきおい、人生の最大要件は「活動」にあるといった思いを各人のうちに掻き立てずにはおかないであろう。

とは言うものの、どんな活動でも闇雲になせばよいというわけでは、決してない。有限界の諸活動には、単純な状態から複雑な状態へと向かう「進化」的な活動と、複雑な状態から単純な状態へと向かう「退化」的な活動の二種類があると想定され得るからである。ここで区別される「進化」と「退化」は、先に述べた「向上」(「還滅」)、「向下」(「流転」)という見方とも重なるものだが、殊、有限無限の一致を目指して営まれる諸々の行為、すなわち宗教上の修養の過程でなされる諸活動においては、その働きが常に「進化」的なものとなるように心掛けることがまずもって大事となるのである。

ところで、なぜに無限は有限者の霊魂の「進化」を促すべく、自らその本位を棄却して「退化」(「向下」)するのか。なぜに無限は自ら「流転」して相対有限界内に姿を現し、有限に接触した後、再び本位へと「還滅」(「向上」)するのか。

その理由については、それが「無限の因果」に基づく一大不可思議力の活動である以上、有限者の側から説明することは不可能と言うよりほかない。そもそも、万有をそのうちに包摂し、その外に別体の存することを許さない絶対の体が無限なのである。したがって、無限の体をすべての活動の「因」と見た場合には、その「因」を外部から刺激する「縁」は想定され得ないし、「縁」が欠けていれば「転化」は起こりようがないということになって、説明に窮してしまう結果とならざるを得ない。

もっとも、仏教では、そのあたりの理由をめぐって独自の説明がなされもする。たとえば『大無量寿経』では、絶対無限者たる仏がこの世に出現して教えを説いたのは、迷いの世界にあって苦悩する生きとし生けるもの（「一切衆生」）に対し、仏が大いなる慈悲の心を起こしたからだとされる。この種の説明が、哲学的、科学的な説明とは質の異なるもの、有限な人知ではかり知ることのできない「無限の因果」をめぐる恣意的解釈、一種の物語にすぎないことは、改めて指摘するまでもない。

「哲学」の位置(70)

「無限」の内実が人知にとって不可思議そのものであることについては、何ぴとたりともこれを否定できない。とは言え、私たちに絶対無限の観念が獲得されるのは、自らの有限な知力を尽して自己に経験される一切の事象は、相対かつ有限であるとの確たる結論に至った末のことでなければならない。すなわち、「無限」の内実が不可思議であることは確かだとしても、論理を突き詰めた先に「有限」の観念が獲得され得るのと同時に、その否定的反面にあぶり出されてくるのが「無限」の観念にほかならないのである。このことが示唆しているのは、有限界の因果の原則に従う「哲学」の営みというのは、「無限」に向き合うことを前提に成立する宗教において決定的に重要な営みとして位置づけられるということであろう。

宗教の根本義を解明しようとする「宗教哲学」の営みは、まずはどこまでが論理的に語れる領域で、どこから先が論理的には語れない領域なのかをはっきりさせたうえで、語り得る領域と語り得ない領域との関係について、一貫して学的に語ろうとする営みにほかならない。したがって、人知には不可思議の領域があることを認めつつも、その不可思議の領域に向き合うことから生まれる心的事実、つまりは自己の主観的経験をどこまでも論理的に語ろうとする姿勢が放棄されることは、断じてないのである。もっとも、そうした「宗教哲学」の営みを支える基盤には、語る主体も語られる対象も変化を免れないといった認識がある。その意味では、一般のいわゆる「哲学」とは異なる性格が指摘されなければならない。

そもそも人は何かを語ることで、多少なりとも他者を感化できると、どこかにそう信じる心がなければ、自らの思想を表明しようなどとは思わないのではないだろうか。だが、他人は他人であって、自分ではない。したがって、他者に何かを語りかけて他者を動かそうと私たちが意図するときには、自他共に相通じる「論理の原則」に従う以外に有効な手立てはないものと考えられる。

釈迦牟尼仏の「自内証」が多くの人心を動かしてきたことは紛れもない事実である。このことは、主観的事実として語られた事柄のうちにも、他者と共有可能な論理があるということを間接的に示す証拠でもある。だとすれば、動的主体に経験される主観的な事実を語るという営みもまた、歴とした一つの「哲学」と言って差し支えないであろう。

第二章 「行」の位置づけ

Ⅰ 善心の涵養

(ⅰ) 倫理上の善悪

善と悪(71)

人生の要義は、各人が自己の精神作用を大いに発揮して「善心」の涵養に努めて生きようとすることにある。このことは、裏を返せば私たちが「道心」の発動を怠れば、それまで涵養された「善心」も、早晩枯死を免れないということでもあろう。一日片時も忘れることなく、個々人が自己の精神作用の発動を促して、「善心」についてはこれを涵養し、「悪心」についてはこれを除去しようと努めなければならないとされる所以である。

だがこのとき、改めて浮き彫りになるのは、私たちは何を「善」とし、何を「悪」とすべきなのかという根本的な思想課題であろう。善悪の判断基準が不明瞭なうちは、自分では「善」をなしたつもりではいても独りよがりの「善」でしかないといった事態は免れ難い。そしてその場合には、宗教上の整斉たる「行」の実践など望むべくもないことは言うまでもない。

倫理ないし道徳というのは、社会生活が維持されるのになくてはならないものである。現に西洋の社会では、古来、善悪の判断基準をめぐって、数々の倫理説が提示されてきた。なかでも、その代表的なものとして挙げられるのが、「幸福説」や「良心説」であろう。

このうち「幸福説」では、善悪の基準は基本的に「苦楽」にあるとされる。要するに、人に「苦痛」を生じさせる事柄は「悪」であり、「快楽」を生じさせる事柄は「善」であるというのである。だが、私たちに感受される「苦楽」は、決して永続することがないことに加えて、何を「苦痛」とし、何を「快楽」とするかについても、人によって一定しないというのが現実なのである。以上の理由から、「幸福説」において提示される善悪の基準を普遍的基準として採用することは難しいと言わざるを得ない。

一方、「良心説」では、善悪の基準はもっぱら「主観的直覚」にあるとされる。個人の主観に「善」と感じられる行いは「善」であって、「悪」と感じられる行いは「悪」であるとされるのである。けれども、「主観的直覚」が個人的感情に基づく「妄断」でないと言える保証は、いったいどこにあると言うのか。少なくとも「良心説」では、そのあたりの根拠は明確には示されていない。ゆえに「良心説」にしても、そこに普遍的に妥当し得るような善悪の基準が提示されていることは言い難い。

無限的眼光[72]

一般に倫理道徳上では、生命、財産、品位等を害したり他人に迷惑をかけたりするなどの行為が「悪」で、それとは反対の行為が「善」だとされる。社会において「善行」が奨励されるのと同時に「悪行」がきつく戒められてきた理由は、眼前の必要を満たしたいという人間の要求を抑える必要があったからだと推測される。このことは、翻して言えば、倫理道徳上に見据えられるのは基本的に有限界内で私たちが直面させられる諸問題であって、過去、現在、未来の「三世」にわたる「永遠の謀計」に関しては、必ずしも問題にされてはいない、ということでもある。「三世」にわたって「永遠の謀計」をめぐらすことのできる人は、現世的な価値だけには収まり切らない無限の理想を実現すべく自らの人生を捧げようとする人でもある。仮に無限の眼差しを持たぬまま、もっぱら現世的な価値だけを追い求めて生きている人がいるとしよう。その人にとって行為の善悪というのは、目に見える結果だけから判断されることになる。そのため、義のために命を惜しまないような振る舞いは、むしろ倫理道徳に反するものと見なされることになるに違いない。

真正の倫理道徳というのは現世的な価値判断だけに基づいて実践され得る性格のものでは、断じてない。現在の自己の生活が過去に存在した無数の他者の活動に支えられてあること、さらには現在の自己のどんな些細な振る舞いも先の未来に存在するであろう無数の他者に必ず何らかの影響を与えずにはおかないことは、もはや微塵も疑う余地がない。その意味でも、真正の倫理道徳を成り立たせる根基には「無限的眼光」が不可欠なことは明らかである。そうした「眼光」があればこそ、人は不断に有限界の欠漏を補填しつつ、自己の業務に専注して生きていくことができるのである。

(ii) 宗教上の善悪

善悪の標準[73]

一般に推奨される倫理道徳では、あらかじめ善悪の分類が立てられているため、「善行」であるか「悪行」であるかの区別はさほど難しいことではない。かたや宗教においても、世間一般の倫理道徳ほど善悪の区別は明確ではないにせよ、「止悪作善」、「避悪就善」の「行」の実践は大いに推奨されてきた。しかしながら、倫理道徳が「世間」の教えであるのに対して、宗教はあくまでも「出世間」の教えなのである。したがって、宗教上の「善悪の標準」が倫理道徳上の「善悪の標準」と必ずしも一致しないとしても、別段驚くに値しないであろう。

宗教の成立に不可欠な「無限」の観念には、理論上すべての「有限」が内包されている。とは言え、実際、有限者が万事万物の「善」を見通すことは、到底不可能である。だとすれば、宗教上に奨励される「止悪作善」、「避悪就善」の事業に、私たち有限者はどう向き合えばよいのか。

別言すれば、倫理道徳上の「善悪」をもそのうちに包摂し得る普遍的な「善悪の標準」を、私たちはいかにして定めることができると言うのか。

「無限的眼光」を獲得した人が取り組もうとする宗教上の諸事業においては、「因位」の霊魂が様々な「縁」の刺激を受けて「転化」することで無限の「果位」へと到達することが、鋭意目指される。とは言っても「縁」によって引き起こされる「転化」の作用は、有限を常に無限の方向に「進化」させるわけではない。場合によっては、「因位」の有限に「退化」を促し、無限の「果位」への到達を妨げる働きをなさないとも限らないのである。

ここで注目されるのは、「転化」の作用を「進化」と見るか「退化」と見るかの判断基準は、その働きが無限の理想に近づく結果をもたらすか、無限の理想から遠のく結果をもたらすかの違いにあるという点である。そうした見方を一つの指標とすることで、私たちは「進化」と「退化」を、形而下の諸事情に左右されることなく比較的容易に区別できるようになると考えられるのだが、宗教上の善悪を判断する際にも同じ「標準」を当てはめることで、その区別はより容易になるに違いない。つまり、ある行為が無限方向への「転化」を促すときには「善行」、逆に無限から遠ざかる方向への「転化」を促すときには「悪行」と判断すれば事足りるということである。

もっとも、そうした「標準」に従えば比較的容易に善悪の判断を下せるようになるとは言っても、それはあくまでも「自行」に励む人の主観上の判断が容易になるということにすぎない。ある行為が霊魂上の「進化」を促したか、はたまた「退化」を促したかの判断は、畢竟、その行為をつうじて従来の自己の狭い見識が打ち破られ、より広い視野から物事を捉えられるようになったか否か、無限の理想の実現に向けて自己の霊魂が開発されたと当の本人が実感できたか否かによってなされることになる。そのため、当の本人には善悪の区別は明々白々なものに感じられたとしても、他者の目には善悪の区別は不明瞭に感じられるといった事態が生じてしまうのは如何ともし難いのである。

有覚の善悪(74)

「苦」を離れて「楽」を得たい、あるいは「悪」を避けて「善」に就きたいといった希望は、私たち人間の霊魂に天然自然に具わる心情と言ってよい。もとより私たちに感受される「苦楽の情」は、善悪の行為と無関係に生起するものではない。自己の主観において自己の行いが「善」であると感じられるときには「楽」が、反対に「悪」であると感じられるときには「苦」が生起するというのが、人情の自然な働きというものである。このように、個々の霊魂に具わる「離苦得楽」の欲求と「避悪就善」(「止悪作善」)の意念とは、本来、不可分一体のものであるということは、善悪の行為に付随して生起する「苦楽の情」は、私たちが倫理道徳上の「行」を実践するにあたって、一種の「制裁」の働きをなすということを意味していよう。

ここで誤解すべきでないのは、宗教上の実践に伴って生じる「制裁」というのは、「結果の苦」から生じるような性格のものではない、ということである。宗教上の「善悪の標準」に基づき実践される「行」に伴う「制裁」が「利害の計算」に基づく「結果の苦楽」から起こるものでないことは言うまでもない。世の中には罪を犯していながら、裁判上には無罪放免となり、「楽」を感じるような「良心の死却」した人もいないわけではない。「良心の死却」した人に感受されるのは「結果の楽」であって、そこに生じる「情」が宗教上の善悪の行為を指導する「制裁」となることはあり得ない。一個人が天地万有に対して「自覚自省」するところに感受されるのが、宗教上の苦楽の「制裁」にほかならない。したがって、その「制裁」は、どこまでも「良心の苦楽」として味わわれるものでなければならない。

このとき何より大事なのは、霊魂の「進化」を促すか「退化」を促すかといった「善悪の標準」は、常に意識されている必要があるということである。「良心」が漠然と涵養されるということはない。「良心」が開展されるためには、日々の行為は「有覚の善悪」に基づいてなされるのでなければならない。そうでないとすれば、整斉たる徳行の実践をなすことはできないであろうし、自己の霊魂を「進化」させることなど、望むべくもないであろう。

このように、個々の霊魂が無限の理想という観点から自己の行為を不断に点検するという視座を欠いているうちは、世の倫理道徳説はいつまでも不完全なありようを脱することができないと考えられるのである。

（ⅲ）霊魂の作用

知情意の三作用[75]

心理学上の知見によれば、霊魂には「知」と「情」と「意」の三つの作用が認められ、心に思い描かれる希望と現実とが適合した状態にあるときには「楽」が、不適合の状態にあるときには「苦」が感受されるといった説明がなされる。また、近年の解剖学の成果によれば、動物の神経には、一、外部からの刺激を受動する「求心作用」、二、外部からの刺激に応じて発動する「遠心作用」、三、求心と遠心の二つの作用の間に官能を生じさせる「中心作用」の三つの働きが認められるともされている。

そこで、これらの心理学上、解剖学上の説を下敷に、霊魂に「苦楽の情」が感受される心の機制について考察がなされる場合には、以下のような理解が導き出されることになるであろう。すなわち、「作用の中心体」であるところの霊魂が、外的諸縁の刺激を「求心」的に受け止めるのが「知」の要素、そのことで獲得された「知」のありように適合した行為を「遠心」的に発動させるのが「意」の要素、さらにこれらの二作用を一霊魂中に「中心」的に受け止めることで生じる感応が「情」の要素であるといった複合的な解釈が成り立ち得るのではないかということである。

もし仮に、そのような理解を導き出すことが可能だとすれば、現在の自己の「感覚作用」と

「意行作用」が適合状態にあるときには「楽」の「感情」が、不適合状態にあるときには「苦」の「感情」が生起するといった、霊魂の機制をめぐる一つの仮説が成り立ち得るものと考えられるのである。

ところで、先に触れた「万物の霊長」という言い回しには、霊魂の「進化」の度合いという点では人類の右に出るものはないといった含意とともに、すべての有限には霊的作用があるといった含意が見て取れるであろう。そして実際、一切万物は例外なく霊的作用を兼ね具えた存在であるとの認識に立って世界の諸事物が眺められるときには、人類のみならず草木や瓦石の類に至るまで、すべての有限は「知」、「情」、「意」の三作用を併せ持つ存在であるといった新思想を是認せざるを得なくなるに違いない。

悉皆成仏の理(76)

とは言うものの、草木や瓦石の類が発揮する霊的作用に、人類の霊的作用と同レベルの活発な働きが認められるわけではない。有限万物は各々が「転化」の体にほかならないということは、発揮される性能には「進化」の度合いに応じて違いがあるということでもある。そうした観点からすれば、草木などは「半睡」の霊魂、瓦石などは「熟睡」の霊魂と見ることができるのかもしれない。

もっとも、瓦石や草木などに比べて、人類の霊魂はいくら「進化」した状態にあるとは言っても、いまだ開発途上の霊魂であることは否めない。したがって、いくら人類が「万物の霊長」であることを誇ってみたところで、その霊魂は「半覚半睡」の状態にあると見るのが妥当なところであろう。

人類の霊魂の開発が、他の有限よりも幾分進んだ状態にあることについては認めるにせよ、そのことで人類を特別な存在であると見なすのは大きな間違いである。無限の観点から「転化」が捉え直されるときには、「転化」した自己の霊魂の現在地と、目指される究極の到達点との間には、なお無限の隔たりがあることは否めない。してみれば、人類とその他の有限との間の「進化」の程度の差など、ほとんどあってないようなものと言うほかないのである。

霊魂の進化・開展をめぐるかかる理解は、「熟睡」の瓦石にせよ「半睡」の草木にせよ、この先の未来に様々な「縁」に触れて「転化」を重ねることで、いずれ必ず全能無限の「大覚」に到達するに違いないといった思念に、私たちを導かずにおかない。人類もまた、無数の有限に支えられた存在なのである。だとすれば、人類の霊魂について究明され得る諸々の事柄は、他の一切の有限にも同様に推及され得るということ、換言すれば、人類の霊魂上に認められる性能はすべての有限に等しく具わっていると考えるのは、理の当然と言わなければならない。

『涅槃経』という仏教の経典に、「草木国土悉皆成仏」という言葉がある。私たちはこの言葉のうちに、「半睡」の「草木」であれ「熟睡」の「国土（瓦石）」であれ、すべての有限存在には、本来、無限の可能性が具わっているといった思想を見ることができる。現にそうした霊魂観は、日本の仏教に深く根付いていると言ってよい。

Ⅱ 「難行道」と「易行道」

(i) 自力門の修行

因分二素[77]

宗教心を獲得して「転迷開悟」の「行」に向かわんとする意念を掻き立てられた「因位」の有限には、次の二つの「素因」がはっきりと見据えられているのでなければならない。このうち第一の「素因」は、「空想」上に自己が至るべき無限の極果を捉えるもので、霊魂に安心の情を生じさせる「知的元素」と見ることができる。それに対して、第二の「素因」は、自己の霊魂の「転化」を促して無限の境地に至る最適な方法を選択させる「行的元素」と見ることができる。

自己は「両重の存在」であるとの自覚のうえに成り立つのが「宗教」である。ところが、宗教の実際においては、ある人は自力門の道を歩み、ある人は他力門の道を歩むといった具合に、選択される「行」のかたちに違いが生じる。「両重の存在」であるとの自覚においては何ら違いはないというのに、実際の宗教が自他力二門に分かれるのはいったいなぜなのか。それはひとえに「同体論」を基想とするか、「別体論」を基想とするかの違いによる。

「同体論」を基想として宗教の事業に向き合う人は、有限と無限の関係を時間軸上に捉えている人である。そのような人にとっては、無限を含蔵する、無限の可能性を秘めた現実の有限自己があるのみで、自己の外に無限を見ない。対照的に、「別体論」を基想として宗教の事業に向き合う人は、有限と無限を空間上に相並ぶ二項として捉えていると言える。そのような人にとっては、有限な自己は無限の働きにあずかることなしに救われることがないとの思いがどうしても強くなる。要するに、宗教が自他力二門に分かれるのは、有限/無限の関係を時間軸上に捉えるか、空間上に捉えるかの違いにすぎないと考えられるのである。

宗教上に求められる「行」の様態には、大きく分けて自己の「妄念妄習」の「伏断」を表面とし、「真覚真習」の「長養」を裏面として取り組まれるものと、自己の「真覚真習」の「長養」を表面とし、「妄念妄習」の「伏断」を裏面として取り組まれるものの二種類がある。前者は、自力門の宗教において採用される「行」の基本的様態、後者は、他力門の宗教において採用される「行」の基本的様態であることは論を俟たない。

廃悪修善の行(78)

自力門の宗教に関して言えば、そこで取り組まれる「行」は表向き「廃悪修善」の様相を呈することとなる。自力の修行を重ねた末に、無上の証果に至るといったありようは、仏教では「成道」あるいは「成仏」と言われる。元来、有限な自己と無限の神仏は、別個の存在ではないといった確たる信念に基づき、「悪行」を廃し「善行」を修めようと直向《ひたむ》きに「妄念妄習」の「伏断」に励む行者の姿勢には、極めて貴いものがある。しかしながら、自己と無限との間に懸隔を見ず、捨家さえも厭わずに、漸次自力の修行に向き合おうとする人にとっては、自己の裏面に伏在する「妄念妄習」のために「行」が妨げられることは、非常な苦痛に感じられるため、心内に「妄念妄習」が催せば、直ちにその「伏断」に努めずにはいられない。そして、首尾よく「妄念妄習」を「伏断」できたと感じられたとき、はじめて精神の快楽を感じることができるのだが、「因位」の修行者が無上の「果位」に到達するには、理論上、無限の行程を経る必要がある。自力門の宗教における「得証」のありようが「漸悟」と呼ばれるのは、そうした事情による。

だが、自力の修行に励む人間の姿勢がどれほど貴いものであるとしても、多くの人にとって、とても真似のできない「難行」であると感じられるようであれば、自ら進んで自力門の道を選択しようとする人は、それほど多くはないであろう。またごく稀に、堅忍不抜の心をもって自力の「行」に励もうとする人がいたとしても、修養の途上にあるうちは誰しも迷いの存在なのである。ゆえに「無限行」を修習する過程で紛起して止まない「妄念妄習」のために「自行」が妨げられるといった事態を回避することは、事実上不可能である。したがって自力門の行者は、修行の不出来が実感されるたびに内心の苦痛に苛まれると同時に、宗教上の安心が揺らぐことにもなりかねない。

(ⅱ) 他力門の経営

転悪成善の行[79]

では、自らが歩むべき道として他力門を選択する人の場合はどうであろうか。他力門を選択する人の多くは、少なくとも自分には「無限行」を修習する能力などないとの思いを強く抱く人である。したがって、いつの日か自分も無上の「果得」にあずかれるとすれば、その成果は、もっぱら無限の側の負担によるものと、他力門の宗教に身を投じる人は考えるのである。

とは言え、他力門の宗教においても、自力門の宗教同様「行」の修習は不可欠である。「行」の修習など一切必要ないということになれば、「因位」の霊魂の「転化」を促して無上の「証果」へと至らしめる「縁」が失われてしまうことになるからである。

しかしながら、他力門の行者には、自らの努力によって無限の「証果」が実現できるといった思いが自力門の行者と比べて希薄であるため、「行」の出来不出来にかかわらず、宗教上の安心はほとんど揺らぐことがない。他力門の宗教において修習される「行」というのは、端的には、無限の側に具わる不可思議力との接点を持つべく取り組まれる「行」、換言すれば、無限と自己とは、元来別異の存在ではないという裏面の認識を、努めて心の表面に留めんとする「持念」のかたちをとることになる。

そのようなしかたで修習される他力門の「行」は、自力門の「廃悪修善」の取り組みとは対照

2月の新刊　●10日発売　ちくま学芸文庫

人間の本性を考える　上

■心は「空白の石版」か

スティーブン・ピンカー　山下篤子 訳

人間を決めるのは「生まれ」か、それとも「育ち」か。いまだ議論が絶えないこの論争に介入し、世界中で大反響を巻き起こした鬼才ピンカーの代表作。

51281-9
1870円

人間の本性を考える　下

■心は「空白の石版」か

スティーブン・ピンカー　山下篤子 訳

人間がもつとされる「心」とはいかなるものか。この難題に真っ向勝負を挑んだ現代の古典。新版へのあとがきを新たに訳出した決定版。（佐倉統）

51282-6
2090円

海とサルデーニャ

■紀行・イタリアの島

D・H・ロレンス　武藤浩史 訳

一九二一年一月、作家は妻を伴い、シチリアからサルデーニャへと旅立つ。躍動感溢れる筆致で描かれる孤高の島の自然と人々。五官を震わせる名紀行。

51283-3
1540円

日本賭博史

紀田順一郎

双六、丁半、花札、富くじ……いつの時代も賭博は人々を熱中させてきた。数々の賭け事を再現しつつ日本社会を考察したユニークな書。（檜垣立哉）

51287-1
1210円

ロシア中世物語集

中村喜和 編訳

『原初年代記』『イーゴリ軍記』など名高い作品を集成。各作品とロシア中世文学の特質・史的展開についての概説も付した類のない書。（三浦清美）

51288-8
1760円

経済の本質

■自然から学ぶ

ジェイン・ジェイコブズ　香西泰／植木直子 訳

生態学と経済学は同じ問題を扱う〈双子〉だ――。共生・共発展・相互依存など、自然のもつメカニズムから経済問題の本質へと迫る。（平尾昌宏）

51289-5
1540円

6桁の数字はISBNコードです。頭に978-4-480をつけてご利用下さい。
内容紹介の末尾のカッコ内は解説者です。

2月の新刊 ●14日発売

筑摩選書

0297
清沢満之の宗教哲学
東京医療保健大学准教授
山本伸裕

清沢満之という思想家はいかなる論理で宗教をめぐる哲学的思索を展開したか。厳密なテキスト読解によって従来の定説を覆し、真の全体像を呈示する著者渾身の書。

01813-7
1980円

0298
国連入門 ▼理念と現場からみる平和と安全
元外交官
山本栄二／
創価大学教授
中山雅司

国連はなぜ戦争を止められず機能不全に陥ったのか。国連日本代表部に勤務した元外交官の経験と、研究者の体系的分析によって国連の実像に迫る、画期的入門書。

01816-8
1870円

好評の既刊 ＊印は1月の新刊

戦場のカント――加害の自覚と永遠平和
石川求 戦争の罪とその自覚をめぐる哲学的考察
01800-7 1870円

坂本龍馬の映画史
谷川建司 坂本龍馬のイメージの変遷を徹底検証する
01805-2 2200円

「信教の自由」の思想史――明治維新から旧統一教会問題まで
小川原正道 宗教法制の動向から読み解く近現代思想史
01804-5 1925円

日本半導体物語――パイオニアの証言
牧本次生 「ミスター半導体」が語る内側からの開発史
01806-9 1925円

天皇たちの寺社戦略――法隆寺・薬師寺・伊勢神宮にみる三極構造
武澤秀一 伽藍配置に秘められた古代天皇の戦略を探る
01807-6 2310円

アルジャイ石窟――モンゴル帝国期 草原の道の仏教寺院
楊海英 草原の仏教寺院とその貴重な文化財を紹介
01808-3 2090円

基軸通貨――ドルと円のゆくえを問いなおす
土田陽介 強いドルの歴史と現在の深層を解説する
01809-0 1870円

個性幻想――教育的価値の歴史社会学
河野誠哉 学校教育における〈個〉の意識の変遷を探る
01811-3 1925円

都市社会学講義――シカゴ学派からモビリティーズ・スタディーズへ
吉原直樹 都市／都市社会学の現在と未来を問う
01810-6 1870円

比較文明学の50人
小倉紀蔵 編著 鋭敏な感覚を持つ日本の五〇人の知を論じる
01814-4 2420円

＊ゴッホ 麦畑の秘密
吉屋敬 画家ならではの視点で画業の真実に光を当てる
01812-0 2200円

＊ほんとうのフロイト――精神分析の本質を読む
山竹伸二 フロイトの発見した人間性の本質に迫る
01815-1 1925円

6桁の数字はISBNコードです。頭に978-4-480をつけてご利用下さい。
内容紹介の末尾のカッコ内は解説者です。

的に、自己本具の「真習真覚」の「長養」に努めることで「悪」がおのずと転じられ「善」が成就されるといった「転悪成善」の様相を呈することとなる。「持念」の「行」をつうじて自己本来の面目に立ち返るとき、現在の有限な身において絶対的な安心が深く味わわれるとともに、二項別体の見方が翻されて、自己もまた仏に等しい無限の善性を有する存在なのだといった思いに意識の表層が覆われるようになる。そのことで他力門の行者は、有限界内の日々の生活に、はじめて前向きに向き合えるようになるのである。

自力門の修養の道が「難行道」と言われるのに対して、他力門の修養の道が「易行道」と言われる理由は、ひとえにそうした「行」の軽さによる。

早晩不定の行(80)

ことほどさように、他力門の宗教には「行」の軽さに比べて「安心」が重いといった点に顕著な特徴が指摘できるのだが、「念仏」を存在の救済のための「行」と位置づける浄土教が、他力門の宗教に分類されることは言うまでもない。

ところで、「念仏行」をつうじて人は無上の救いにあずかれると説かれる浄土教における「得証」のかたちは、自力門のそれが「成仏」とか「成道」とかと表現されるのに対して「往生」と表現される。

浄土教において救主とされるのは「阿弥陀」という名の仏である。浄土教の物語によれば、

「兆載永劫《ちょうさいようこう》」の昔に自力の「無限行」を成し遂げた阿弥陀仏は、西方の遥か彼方に円満な功徳を具備した「極楽浄土」を建設したとされる。阿弥陀仏が「極楽浄土」を建設した理由は、ほかでもない。「南無阿弥陀仏」と、我が名を念ずる者はひとり漏らさずただちに「極楽浄土」に「往生」させて、彼の土に遍満する無限の功徳を享受させたいと考えたからである。

　このように「往生」とは、有限者が「念仏行」を「縁」として「極楽浄土」に生まれ、救済されることを意味している。ゆえに、「念仏往生」によって実現される「得証」のありようは、自力門におけるそれが「漸悟」と表現されるのに対して「頓悟」と表現されてきたのである。ただ、「頓悟」を可能ならしめる「念仏行」にしても、無限不可思議の救いにあずかりたいと願う有限者の側の意念の発動なしには成り立ち得ないことは確かである。この点に関しては、他力門の宗教において修習されるすべての「行」に当てはまる。要するに、いくら他力門の「行」であるとは言っても、自力的要素を完全に排除できるわけではないということである。

　私たちの霊魂に発動するどんな行為も有限的性格を帯びていることは否定できない。だが、そこから一歩踏み込んで有限界における諸事物の発動によくよく思いをめぐらしてみれば、万物万象は「無限の因果」によって生起したものにほかならないことがわかる。異格の関係において捉えられるのが、有限と無限の二項だからである。したがって「無限の因果」の働きは、「念仏行」をはじめ私たちのすべての振る舞いについても当てはまるものでなければならない。一見、有限を主体として発動するかのように思われる「意念」であれ「行」であれ、無限そのものを本源として起こる活動であると領くほかないのである。

であるからには、いつ何時、有限者の心中に「行」に向き合おうとする「意念」が催すのか、はたまたいつ何時、「行」をつうじて有限者が無限の「証果」に至れるのかについては、自他力二門ともに「早晩不定」のことであると言わなければならない。

(iii) 自他力二門の弊

自力門が抱える問題(81)

ところで、自らが「両重の存在」であると認識されるところに宗教心が芽生えるということは、「因性無限」の面だけに目を向けて相対有限に偏執・偏見を起こす人、あるいは「果体無限」の面だけに目を向けて絶対無限に偏執・偏見を起こす人には、宗教の本領が発揮されないだけでなく、一種の中毒症状に陥る危険性が指摘されなければならないということでもある。

「相対」と「絶対」を不二一元とする見方を意識の表面《おもてめん》に据えるかたちで修習される自力門の「行」に関して言えば、自己本具の無限の性能に絶対の信頼が置かれることになる。そのため、ともすれば自己はどこまでも相対有限の存在であるといった意識が薄れ、有相の執心を起こしやすい。実際、有相の執心を起こして自力の妄念に囚われがちなのは、日夜真面目に修行に励み、「自行」の出来に満足を覚えている人ではないだろうか。

「自行」の出来に満足を覚えることの最大の弊害は、そのことで自らを「善人」であると思いなして他者を見下す自慢の心を起こすことにある。自力門の行者に見受けられるその種の慢心は、浄土真宗では「自力作善」などと言われ、強く戒められてもきた。自力を頼みにしすぎることが他者に対する福祉の道を閉ざす結果を招くようであれば、本末転倒以外の何物でもないであろう。

自力門の行者が陥りがちなそのような弊害の発生を未然に防ぐには、有限性の自覚に立ち帰ることで一元より二元を開展させようと努める姿勢が何より大事になってくる。そうすることで、自力門の行者は自他平等の心地に住しつつ「転迷開悟」の道を着実に歩んでいけるようになるのである。

他力門の陥穽(82)

かたや他力門の宗教においても、ややもすれば足を掬われがちな陥穽が指摘されなければならない。

他力門の行者が起こしやすい中毒症状の一つに、「持念」の行をつうじて、二元から一元に立ち帰ることで、差別を離れた「悪平等」、不安を離れた「悪安心」に安住し切って、目前の勤労や勤務が疎かになりがちになるといったことが挙げられる。

「相対」と「絶対」を「主伴互具」の関係をなすものと捉えている人には、「真理」は不変平等の無限面のみならず、変化差別の有限面にも偏在していると認識されている。そのため、平等面と差別面の双方に「真理」を見て修養の道を歩まんとする人は、必然的に「安心」と「不安」の二つの情を内心に抱きつつ生きていかざるを得なくなる。とは言え、自らが希望する真の福祉の道は、平等かつ差別という相矛盾する知的認識から生起する「安心」の情と「不安」の情とを「一心」に受用して、それらの「情」の調和に努めようとする先にしか開けてはこない。他力門の行者が中毒に陥らないためには、このことを、常々肝に銘じておく必要がある。

また、自己の外に無限を見る他力門の宗教では、「彼我隔別」の念が強くなりがちになるため、「外物礼拝」に走りやすいといった傾向も指摘されなくてはならない。「外物礼拝」とは、自己が向き合う無限の体を、自己を超越した自己外部の「尊体」として崇め、そのことで利益にあやかろうとする姿勢のことを意味する。そうした姿勢は、ひとえに「他作自受の邪見」より生じるものと考えられる。

有限無限の「別体論」を意識の表面として宗教に向き合う人のなかには、自己とかけ離れた絶対無限の性能が自己に与えられると誤想している人も少なくないようである。他力門の宗教では、絶対の神仏は基本的に自己外部の存在であるかのごとく教えられてきた。自己の救済を、とかく自己とかけ離れた「尊体」に求めようとする人が出てくる背景には、そうした他力門の教説のありようも、あるいは指摘できるのかもしれない。

「外物礼拝」に走ってしまう人に欠落しているのは、自己と神仏は断じて別異の存在ではないといった一元論的視座である。他力門の行者が「他作自受の邪見」に陥らないようにするためには、まずもって自己の無我なることを自覚し、無限は常に有限を懐抱・擁護して自身を無上の証果へと開導しつつあることを思い起こすように努めることが、何より大事なのである。

Ⅲ 「願」と「行」の関係

(ⅰ) 自利利他の大道心

自己保存と同類保存(83)

霊魂に具わる「離苦得楽」の欲求は、「自己保存」の欲求と言い換えることもできるであろう。生きとし生ける者は、みな「自己保存」の欲求を有している。けれども、有限各個が「自己保存」だけを追求するときには、かえって「自己保存」の欲求を満たすことが難しくなる。自己を取り巻き、自己の生存を支えてくれている無数の有限他者も、それぞれに「自己保存」の欲求を有する存在だからである。ゆえに、真に「自己保存」の欲求の充足を願う存在は、同時に「同類保存」に努めなければならない。このことは、理の当然と言わねばならない。

ところが当代の論者のなかには、「個人主義」こそが根本原理であるとして、第一に目指すべきは「自己保存」であると声高に叫ぶ人たちがいる。そして現に、昨今の風潮として、人はもっぱら「自己保存」のみを追求すればよいのだといった思想が社会に蔓延しつつあるように感じられる。

下等動物の場合には、「自己保存」の追求がそのまま「同類保存」の実現につながっている例も、ないわけではない。しかし、人類によって組織される社会がよく維持されるには、是非とも「同類保存」を「自己保存」と同一の勢力にまで高めていく努力が求められるであろう。

もとより「自己保存」と「同類保存」の両立に努めることは、「自利利他円満」の実現を目指して取り組まれる宗教上の事業とも、まったく軌を一にしている。裏を返せば、「自己保存」だけを求めて「同類保存」を顧みない生き方は、宗教の真随に達した人のそれではないということである。だが、あろうことか宗教者を自任する行者のなかにさえ、自己の救済だけを希求して同類他者の救済を顧みないような人が、時代を問わず存在してきたことは確かなのである。

「自受用法楽」という言葉がある。個人の主観に見出された真理を自己の内面だけに留めて、他者に表明することをしない仏教者の態度を指す言葉である。そのような、一種の「我儘流」を楽しもうとする行者の態度は、世人から仏教は「厭世的」で「消極的」な宗教であるとのあらぬ批判を受ける一つの要因となってきたことは否定できない。

菩薩の大悲心(84)

もっとも、仏教では一種の「我儘流」に陥ってしまうことへの自戒の念から、「自利利他」の視点を保ち続けることの大事さが、たびたび強調されてもきた。なかでも大乗仏教においては、無限との一致を果たして「大覚」に至った「仏」よりも、「自利」と「利他」の円満成就を切に願う「大道心」に衝き動かされて、いままさに「無限の行」に励みつつある「菩薩」の姿勢に、むしろ多くの共感が寄せられてきたのである。

「菩薩」とは、サンスクリット語のbodhisattva《ボーディサットバ》を音写した「菩提薩埵《ぼだいさった》」が簡略化されたもので、「自利利他円満」の理想を実現したいとの「大願」を胸に「自行」に励む行者のことを意味している。実際、大乗仏典中に登場する諸菩薩は、一念発起して「無限行」に臨むに際し、「願作仏心」、すなわち自身が「成仏」を果たさんとの誓いとともに、「度衆生心」、すなわち自己以外の生きとし生けるものを漏れなく救済せんとの誓いを必ず成就させるのだといった「大誓願」を立てている。

このように、大乗仏典中に描かれる「菩薩道」の背景には、自利と利他の円満なる成就を希望する修行者の切なる思いがあることは確かである。しかし、なかには次のような疑問を禁じ得ない人もいるのではないだろうか。いったいなぜに菩薩たちは、誰かに頼まれてもいないのに、自らそのような誓いを立てて、無限の時間と無限の努力が求められる「大行」に進んで身を投じようとするのか、といった疑問がそれである。

この種の疑問をめぐっては、浄土真宗ではつとに教学上の説明がなされてきた。それによれば、菩薩の願心に「願作仏心」と「度衆生心」の二種の心が具わっているのは、「無縁」の「大慈悲心」から発せられた「願」にほかならないから、とされる。

たとえば『浄土論註』という書物では、人間が起こす「慈悲心」に、「小悲」、「中悲」、「大悲」の三種類が区別されている。

一つめの「小悲」とは、具体的な事件に遭遇したことで、はじめて霊魂中に芽生える「慈悲心」のことを指す。人生で、慈悲の心を一度も起こしたことがないという人は、まずいないであろうが、ともあれ、私たちが起こす慈悲の心は、多くの場合、具体的な事件や出来事を経験したことで発起するもの、その意味で「有縁の慈悲」と言ってよい。

それに対して「中悲」とは、仏教で説かれる「無我」の教えを聞いたことを機縁に発起する「法縁の慈悲」と言われる。「中悲」の心が「小悲」の心と異なるのは、その発起に際して形而下の具体的事件に触れるという経験を必要としない点にある。とは言うものの、「無我」の道理に触れるという「縁」なくしては発起し得ないという意味では、「小悲」同様「有縁の慈悲」に分類されなければならない。

発起のしかたの点で、「小悲」や「中悲」と根本的に性格を異にしているのが、三つめの「大悲」である。具体的な事件や「無我」の道理に触れるなどの「縁」によらず、もっぱら菩薩自身の「対外観察」の結果として発起する慈悲の心が「大悲」であるとされる。言い換えれば、大乗の諸菩薩が自らの観察眼を働かせて、有限界内の生活には必ず苦悩が伴うことを見越したうえで、苦悩の衆生をいわば先回りするかたちで救済すべく起こす「無縁の慈悲」の心が「大悲」であるといった説明が、浄土真宗ではかねてよりなされてきたのである。

(ⅱ) 阿弥陀仏の誓願

一神論、多神論、汎神論[85]

数多存在する「宗教」のなかには、ユダヤ教やキリスト教のような「一神教」もあれば、神道のように「八百万の神」の存在を認める「多神教」もある。にもかかわらず、今日では「一神教」だけが「合理の宗教」であって、「多神教」のごときは合理性を欠く蒙昧時代の謬教であるかのように見下され、迷妄視される傾向にあることは事実である。

いわゆる「一神教」では、神は絶対にして不可思議の唯一不可分の体であると見なされる。そうした神観念自体、「無限」の定義に合致しており、どこにも瑕疵がないように思われる。一方、「多神教」では、様々な個性を有する神々の存在が容認されている。そのため「多神教」における神観念は、一見、「無限」の定義に合致しておらず、大いに矛盾を孕んでいるように感じられるかもしれない。

しかしながら、「一神教」だけが「合理の宗教」であると考える人は、無限の一方面からしか「宗教」を捉えていないと言わざるを得ない。無数の相対有限と唯一の絶対無限とは、元来、別個の存在ではない。したがって、唯一絶対の無限は私たちの身辺の随所に見出され得るといった発想自体、決して理不尽なものではないし、そうした発想に立つならば「多神教」が「一神教」に劣るいわれなど、どこにもないと知られなくてはならないであろう。

ところで、十方世界に諸仏の存在を認める仏教の思想を一種の「多神論」と見ることは可能だとしても、「汎神論」と見るのは適当でない。無数の無限を随所に認めるという点では、「多神論」と「汎神論」には、確かに相通じるものがある。とは言え、「汎神論」の発想をそのまま「多神論」の発想に結びつけるのは、いささか無理があるように思われる。

世界の随所に無限を見る「汎神論」的発想の妥当性については、「有機組織」という二次元的な視点を導入することで、ひとまず論理的説明が可能であろう。対して、様々な個性を有する多数の絶対者がそれぞれに持てる能力を存分に発揮して、しかも互いに妨げ合うことがないというのが「多神論」の発想である。したがって、「多神論」の成立根拠を理論上に求めようとするときには、どうしても「主伴互融」あるいは「主伴互具」といった三次元的・立体的視座を導入する必要に迫られることになるのである。

そのように立体的にしか捉えることのできない「多神論」を、物事を二次元的にしか捉えられない言葉を用いて説明するのは容易なことではない。だが、強いて言えば「多神論」のありようは、「月」と「明鏡」の関係に準《なぞら》えることで多少なりとも理解の助けとすることができるのかもしれない。すなわち、この世界に「明鏡」がどれだけ多く存在しているとしても、それぞれの鏡に映し出される月はどれも同じ月であるように、数多の有限各個が無限の真理を宿した絶対者であると見ることは、あるいは可能なのではないかということである。

阿弥陀仏の弘誓(86)

ただ、浄土教の「本尊」である阿弥陀仏の位置づけをめぐっては、以下のような疑念を拭えない人も、少なからずいるのではないだろうか。

「仏」とは、有限無限の一致を果たした霊魂に与えられる最尊の称号にほかならない。であるからには、阿弥陀仏とその他の諸仏との間には、発揮される能力という点において差別は認められないはずである。にもかかわらず浄土真宗では、阿弥陀仏こそが「諸仏中の王」であると教えられてきた。そのような教えは、「仏」の定義からして容認できないのではないか、といった疑念である。

「阿弥陀仏」は、「無量寿仏」とか「無量光仏」などとも呼ばれる。サンスクリット語のamitāyus《アミターユス》、もしくはamitābha《アミターバ》の音写語である「阿弥陀」には、もともと「無限の時間にわたり存続する寿命」とか「無限の空間を照らす智慧の光」などの意味があることに由来するのだが、浄土教では、「無量寿」は仏の「慈悲円満」の利他的性格を、「無量光」は仏の「智慧円満」の自利的性格を表しているといった解釈がなされてきたのである。

利他の方面でも自利の方面でも無限の働きをなす仏が阿弥陀であるといった理解が、阿弥陀仏が「諸仏中の王」の地位に押し上げられる、一つの根拠とされてきたことは間違いない。しかし、その名のうちに無限の利他と無限の自利の働きが示されているというだけでは、「諸仏中の王」として位置づけられる理由としては、やや薄弱であるようにも感じられる。

単刀直入に言えば、阿弥陀仏が「諸仏中の王」とされる最大の理由は、阿弥陀仏が成仏する以前、まだ「法蔵」と名のる「菩薩」であった時分に立てられた四十八の誓願の一つが、「弘誓《ぐぜい》の願」であると理解されてきた点にあると考えられる。

一般に仏教では、父母を殺害したり、仏の身体を傷つけたり、仏法を誹謗したりといった大罪を犯した者は、仏の「利他」の対象とはならないとされる。ところが、法蔵菩薩の四十八願のうちの第十八番目の「願」では、「南無阿弥陀仏」と称えて「念仏」した者は誰でも弘《ひろ》く遍《あまね》く極楽浄土に「往生」させて救済するといった、仏教の常識からは逸脱しているようにも思える誓いが立てられているのである。

ちなみに、日本の仏教者のなかにあって、「念仏行」による救済の実現という「利他」の「弘誓」が表明されている第十八願にこそ阿弥陀仏の「本願」があると見て、浄土の教えに深く帰依したのが、浄土宗の開祖となった法然であり、後に法然門下として浄土真宗を開いた親鸞であった。

(iii)「祈禱」の用

祈禱と宗教[87]

内心の「不安」を取り除いて絶対の「安心」を与えてくれるところに宗教の効果があるのだとすれば、「安心」獲得のための手立てとなる「行」がより多くの人に開かれたかたちで明示されているかどうかは、宗教の成否を左右する一つの礎石となると言っても過言ではない。

救済を求めてやまない衆生に対して宗教が提示する最も手軽な「行」として、多くの人の脳裏に真っ先に浮かぶのは「祈禱」ではないだろうか。現にどの宗教を見ても、祈禱的な要素を含まないものはない。そのため、「祈禱」にこそ宗教の最要件があるかのように思いなしている人も少なくないようである。

人心を惹きつける魅力が、「祈禱」には確かにある。さりとて「祈禱」を宗教の精髄であると見るのは、宗教の根本原理からして妥当と言えるのだろうか。多かれ少なかれどの宗教にも含まれる祈禱的要素について改めて慎重に検討してみることは、宗教における「正信」とは何かという問題について考えるうえでも、一つの試金石となるものと思われる。

干天に降雨を願うとか、疫病の鎮まるのを願うとかといったように、「祈禱」にはその「行」をつうじて一定の「利益」がもたらされることが期待されている。そこに指摘されるのは、有限者が無限に働きかけてその心を動かし、自己の希望に従わせようとする意図であろう。しかし、そのような意図をもって取り組まれる「行」というのは、有限者に対するのと同じ心持ちで無限に向き合っているという点で、宗教の本義を逸脱していると言わざるを得ない。無限はどこまでも無限なのである。ゆえに、有限者が無限を動かして自己の都合に従わせるなどということは、そもそも不可能であるのみならず、無限を有限の地位に貶めているという点からしても、甚だしい迷謬が指摘されなければならないであろう。

さらに言えば、宗教の本義は、どこまでも無限の理想を追求して「因位」の有限を無限の「果位」へと「進化」させる働きにあると考えられる。にもかかわらず、目前の課題の解決だけを願って「祈禱」が行われるのであれば、その課題が解消されさえすれば、宗教などもはや用済みのものとして見向きもされないということにもなりかねない。

祈禱と念仏の違い[88]

そうは言っても、「祈禱」のなかには特に害のないもの、宗教上の行為として容認されてよい種類のものもないわけではない。なかでも「無害の祈禱」として許容されてよいと思われるのは、地震や雷や大雨など、私たちがどれだけ人力を尽しても力の及ばないような事態に直面させられたような場合に行われる「祈禱」であろう。もっとも、私たちが実生活上で人的努力のまったく及ばないような事態に直面させられることは、あるとしてもそれほど多くはない。したがって、「祈禱」をつうじて心の慰解を得ようとする前に、有限者に求められるのは、人力智能の及ぶ限り「災厄排避」にあたろうとする努力であることは言うまでもない。

宗教によってもたらされる最大の利益は、正確に言えば、絶対の「安心」に立脚したうえで各人が「修徳」に励むことを可能にしてくれるところにある。「祈禱」にこそ宗教の精髄があると見て、その「行」に安易に頼って心の慰解を求めようとする有限者の姿勢は、霊魂の「進化」を促がさないだけでなく、人心をいたずらに惑わせる結果にもつながりかねない。その意味でも、

「祈禱」は断じて「正信」から導かれる「行」ではないと言わなければならない。

ところで、ここでも一つ注意を要する事柄がある。それは、「無害の祈禱」をつうじて獲得される心の慰解と、宗教上の「正信」のうえに獲得される心の安慰、具体的には「念仏行」をつうじて得られる心の安慰との違いについてである。

他力門の宗教では、自己と神仏とは、元来、同体であることを自覚して無限の妙用に身を委ねようとすることが、そのまま「行」となる。そのことで生じる最大の効用は、自己の現在の境遇に不満を感じることなく、有限な境遇を有限な身のまま、前向きに生きられるようになるというところにある。

他力門の行者が「念仏」をつうじて、随時、二元から一元に立ち返ろうとする営為は、自己がほかならぬ「両重の存在」であるとの自覚に立ち返る契機となると同時に、最後の決心を絶対無限に委ねることで、有限な行為をつうじて自己に賦与された能力を最大限発揮しようとする生き方にも直結するものと考えられる。そしてそのことは、意図せぬ結果として霊魂の「転化」を促すことにもなるため、自己の分限も増大するといった副次的効果が生じることも期待されるのである。

Ⅳ　念仏の効用

(i) 他力門中の他力門

真正の純他力門(89)

何事であれ、私たちが抱く希望が実現されるには、それ相応の勤労が求められるというのが世の道理である。無論、この道理は、主体的な努力を重ねて自己救済の事業を成し遂げんとする自力門の宗教のみならず、無限不可思議力の働きによる救済実現を期する他力門の宗教においても当てはまる。

ところが、「往生」による救済実現の道が説かれる浄土真宗では、浄土の教えというのは「純他力」に根差した「他力門中の他力門」の教えであるともされる。すなわち、自力門の宗教は言うに及ばず、諸他の他力門の宗教の教えとも異なる至高の教えであることが公言されてきたのである。

宗教に関わる言説が、とかく独断的に陥りがちなことは否めない。だが、もし仮に「純他力」に根差した「他力門中の他力門」たることを公言してきた浄土真宗の主張があながち独断的なものでないとすれば、そこにいかなる道理を見出すことができるというのか。

そのあたりの道理を探るうえで注目されるのが、阿弥陀仏の四十八願中の第十八、十九、二十願の「三願」に誓われている願いの内容である。これらの「三願」に誓われている内容は、以下のとおりである。

第十八願　たとえ仏となる資格を得たとしても、十方の衆生が、誠実不妄の心をもって（「至心」）、必ず浄土に往生できると信じて歓喜の心を起こし（「信楽」）、極楽浄土に生まれたいと希望して（「欲生」）、最大、十回（「乃至十念」）、念仏を称えたにもかかわらず、往生できないようであれば、自分は決して仏にはなるまい（設我得仏 十方衆生至心信楽 欲生我国 乃至十念 若不生者 不取正覚）。

第十九願　たとえ仏となる資格を得たとしても、十方の衆生が菩提心を発《おこ》して、諸々の功徳の行を修め、心底、極楽浄土に生まれたい（「欲生」）との願を発すなら、命終時には、自分と極楽浄土の大衆がその人の前に出現して、必ずその周りを取り囲むことができなければ、自分は決して仏にはなるまい（設我得仏 十方衆生 発菩提心 修諸功徳 至心発願 欲生我国 臨寿終時 仮令不与大衆囲繞 現其人前者 不取正覚）。

第二十願　たとえ仏となる資格を得たとしても、十方の衆生が我が名（「阿弥陀仏」）を聞いて、心を我が国（「極楽浄土」）にかけ、種々の功徳を修めたうえで、心底、極楽往生を願ったにもかかわらず、往生できないようであれば、自分は決して仏にはなるまい（設我得仏 十方衆生 聞我名号 係念我国 植諸徳本 至心回向 欲生我国 不果遂者 不取正覚）。

まずは、第十九願に表明されている誓願の内容に着目してほしい。第十九願では、「衆生」が自ら「種々の功徳の行」を修習して、心底、極楽浄土に生まれたいと思うことが「往生果遂」のための前提条件とされている。また続く第二十願でも、「衆生」が「往生」を遂げるには、やはり自ら「種々の功徳」を修め、心底、極楽浄土に生まれたいと欲することが必須の要件とされているのが見て取れる。

このように、第十九願と二十願に表明されている誓いの内容について精査すれば、浄土に生まれたいと欲する意念の発動も、「往生」を果たすべく「功徳の行」を実践せんとする意念の発動も、ともに「衆生」の側の「自力の発心」によると理解するほかないであろう。こうした理由から浄土真宗が真正の「純他力門」に根差した「他力門中の他力門」を標榜する理論的根拠を、これら二つの願のうちに見出すのは難しいと言わなければならない。

本願の三心(90)

では、阿弥陀仏の第十八願についてはどうだろうか。第十八願にも、十九、二十願と同様に、どこか自力的な性格が見て取れることは否めない。①誠実・不妄の心をもって（「至心」）、②必ず浄土に往生できると信じて歓喜の心を起こし（「信楽」）、③極楽浄土に生まれたいと希望する（「欲生」）といった、三つの心的態度を具備して念仏することが「往生果遂」の前提条件とされているからである。ちなみに、第十八願に見て取れるこれらの心的態度は、浄土真宗では「至心」、「信楽」、「欲生」の「三心」と言われる。「三心」は、いずれも有限な境遇にある「衆生」

が阿弥陀仏に対して起こす心である以上、それらの発起は、あくまでも「自力の能動」によるものと理解されなければならないであろう。

だが、第十八願の「三心」について改めて注意深く考察するとき、そこには明らかに十九願、二十願には見られない性格があることに気づかされる。どういうことかと言えば、①の「至心」と③の「欲生」については、「自力の能動」によって発起すると解釈できるとしても、②の「信楽」については「他力の能動」によらずして発起し得ないことは明らかだということである。なぜなら、外部からの働きかけなくして私たちが自ら歓喜の心を起こすというのは、道理としてあり得ないことだからである。

第十八願に見られる「三心」は、もとより個々別々の心として発起するものではない。それらは、阿弥陀仏に帰依する念仏行者の「一心」の作動を三つの側面から捉え直したものにほかならない。だとするなら「一心」の作動のうちの一側面だけを「他力の能動」と見て、その他の側面を「自力の能動」と見るというのは無理があると言わざるを得ない。「一心」のうちに発起する「三心」のどれか一つでも、「純他力」からの促しなしには発起し得ないことが確実である以上、私たちが念仏往生を遂げられるか否かは、もっぱら「他力の能動」の働きによるものと理解するほかないということである。

(ii) 他力の念仏

一念成就の理[91]

これ以外にも、「純他力門」の教えを標榜する浄土真宗の教門をめぐっては、いくつかの根本的な疑問がつきまとう。

浄土真宗の教門をめぐって提起されてきた疑問の一つに、「往生果遂」に必要とされる念仏の回数について、第十八願のなかで「最大、十回」（「乃至十念」）とされている点がある。そして現に、「乃至十念」という文言が確認されることを根拠に、一回の念仏よりも十回の念仏のほうが利益は大きいはずだと、念仏の回数の多寡に応じて宗教上の果報も高下するかのような言説が、一部の念仏の行者の間で共有されてきたことは事実なのである。

しかし、念仏の回数の多寡に応じて宗教上の果報も高下するというのであれば、その場合の念仏は「自力の能動」に基づく自力の「行」と理解されなければならない。また、「他力」の働きによってもたらされる無限の利益が分割的に捉えられているというあたりにも、思想上の難点が指摘されなくてはならないであろう。つまり、回数の多寡が問題とされるような「念仏行」というのは、純一不可分の「純他力」に根差した「行」とは言い難いということである。その意味で、「他力門中の他力門」の教えに触れていながらも、日夜、奮勉策励して、幾万遍も「南無阿弥陀仏」を称えようとする浄土真宗の行者の姿勢は、「念仏門中の自力門」の行者の姿勢以外の何ものでもない。

このように、本来「他力門中の他力門」であるはずの浄土門の教えが、皮肉なことに「念仏門中の自力門」の行者の態度を生じさせてきたことは事実である。だが同時に、浄土真宗では、『大無量寿経』のなかで「最低、一回」(「乃至一念」)とも説かれていることを根拠に、阿弥陀仏の衆生救済の事業は一度の念仏で成就され得る、ということが広く教えられてきたことも事実なのである。

後者の理解によれば、他力浄土門における念仏の真相は、有限が無限に触れた刹那に発起するところにある。すなわち、阿弥陀仏との関係を見認した衆生の「一心」(「一念」)に絶対の安心が芽生えるのと同時に、おのずと口をついて出てくるのが「南無阿弥陀仏」であるとも教えられてきたのである。

このように、「純他力」の働きに接した有限者の「一念」に表発する「南無阿弥陀仏」のうちには、純一不可分の無限の功徳が余すことなく具わっている。そのことは、ひとたび獲得された宗教上の安心はその後に経験されるどんな外的諸事情にも決して打ち消されることがないということからも、推し量ることができるのではなかろうか。このことは、極端な話、様々な外的事情のために、たとえ一度たりとも声に出して「南無阿弥陀仏」を称えることができなかったとしても、絶対無限を念ずることが存在の救済に不可欠な「行」であるといった思念が起こりさえすれば、宗教上の救済はおのずと成就されるということであるに違いない。

ともあれ、ここに私たちは、「純他力」の発動による往生果得に際しては、「多念」を要しないとされる浄土真宗の教門の確かな理論的根拠をうかがうことができるであろう。

報謝の念仏(92)

ところで、往生の大果にあずかるのに不可欠な「大行」は、安心獲得の「一念」に表発する念仏だけで事足りるのだとすれば、宗教上の安心が獲得された後に称えられる念仏には特に意味はないということになるのだろうか。

誤解してほしくないのは、「一念」の刹那に「大安心」が確立され、真正の「純他力門」に入ったからと言って、有限な身がたちどころに無限に転じるわけではないということである。純一無限の働きに触れた「一念」に芽生える無上の歓喜、宗教上の絶対の安心は、霊魂が様々な「縁」に出会うことで生起するあれやこれやの煩悩のために、しばしば伏在を余儀なくされるというのが、「両重の存在」である私たちの現実でもあるからである。

とは言え、紛起して止むことのない煩悩のために安心の情が揺らぐのを未然に防ぐ、あるいは不安の情を取り除くのに効果的な方法は、ないわけではない。それは、「念仏」をつうじて無限の眼に立ち返ることで、阿弥陀仏の「大行」への感謝の念を呼び起こすといった方法である。この場合に称えられる「念仏」は、安心決定の一念に発起する「念仏」と違って、自己の「憶念心」を掻き立てるべく自発的に取り組まれる「報恩謝徳」の「行」と位置づけられる。

再三指摘してきたように、私たちの行為をはじめ、この世に生起するありとあらゆる事象は、有限と無限の二つの側面から捉えられる。したがって、両面的な視点を失わぬように、常に「憶念」しつつ眼前の事業に向き合って生きることは、宗教における実際上の最大任務であると言っても過言ではない。このことを、浄土真宗の文脈に当てはめて整理するなら、安心決定の一念に称えられる念仏が、無限面を表としてなされる「他力の行」であるのに対し、「報謝」の経営の一環として称えられる念仏は、有限面を表としてなされる「自力の行」であるとも解釈できるであろう。

もっとも、「報謝」の経営の一環として修習される「念仏行」は、自力門の宗教において修習される「廃悪修善の行」とは似て非なるものである。「報謝の念仏」は、有限者の「妄覚妄習」を断ち切って「善心」を育成すべく取り組まれる「行」でもなければ「転化」を重ねて無限の理想に到達すべく取り組まれる「行」でもない。それは、絶対無限の不可思議力に感化されて後もなお、邪念妄想の生起がやむことのない自己の霊魂を「零位」に置くべく取り組まれる「奇零行」である。換言すれば、意識的に「自力」の執心を手放すことで、自己のうちに「他力」が働くのを妨げないように心がけながら、「真覚真習」の「長養」に努めようとする「工夫」にほかならないのである。

(iii) 安心修徳

因果の必然と意志の自由(93)

自力門と他力門とを問わず、しばしば問題にされてきた宗教思想上の主要なテーマの一つに、

「因果の必然」と「意志の自由」の関係がある。

「善行」には善い報いが、「悪行」には悪い報いがあるとする「因果の必然」を説かない宗教は、およそ存在しない。どの宗教においても説かれる「善因善果」、「悪因悪果」の教えには、以下の原理が認可されているものと思われる。一つに、自己をはじめ因果必然の理法を免れてある存在は、この宇宙に何一つないということ。二つに、私たちがなす現在の行いは、必ず未来の結果を引き起こす原因となるということ。三つに、私たちの現在の心念は、過去の行為の結果にほかならないということ。四つに、自由的であるように感じられるいかなる心念も、因果必然の理法に支配されているということ。以上の四つがそれらの原理である。

しかしながら、諸宗教の教説では「因果の必然」が教えられてきたのと同時に、「意志の自由」ということも教えられてきた。つまり、私たちは自らの意志次第では、「因果の必然」から自由になることができるというのも、諸宗教に共通する教えであったということである。

因果の理法に従って起こる事物の転化には、因─果の間に観察される「変的成分」と、因─果を貫いて存続する「不変的成分」の二つが認められることについてはすでに触れた。その場合、「変的成分」には、外的「縁」の刺激を受ければ変化するという点で有限的＝不自由的性格が、後者の「不変的成分」には、いかなる外物の刺激を受けても変化することがないという点で無限的＝自由的性格が指摘できるであろう。

広く宗教一般に認可されてきた「因果の必然」と「意志の自由」の二つの理法は、一見、相矛盾して両立することのない理法であるかのように思われるかもしれないが、決してそうではない。これら二つの理法が両立し得ないもののように感じられてしまうのは、すべての物事には有限差別的側面と無限平等的側面の二つの側面があることが見逃されているからにほかならない。

このように、万物の因果中に「変的成分」だけを認めて、「不変的成分」を認めないとき、もしくは「不変的成分」だけを認めて「変的成分」を認めないとき、「自由」と「必然」の関係をめぐって根本的な誤想が生じることになると考えられるのである。

連瑣的循環行事(94)

宗教の門に入るには、無限の理想を想見することで霊魂上に絶対の安心が獲得されることが必須の要件となる。しかしながら、知的な営為をつうじて獲得された宗教上の安心が清澄な「情」であることは確かだとしても、「知」「情」「意」の三要素が連動して働くところに、私たちの心の現実があるのである。このことが意味しているのは、清澄な安心の「情」が獲得されるというのは、宗教の実際において目指される真の目的とは言えないということであろう。宗教心の真の発露は絶対無限の覚知をつうじて安心を獲得した霊魂が、そこからさらに「智解相応の行業」へと歩みを進めていくところにあると言わなければならないのである。

とは言うものの、私たちは自らの「智解」、すなわち自身の知的認識に適合した「行業」をいつも思いのままになせるわけではない。もちろん、ときには自己の独立自由の思念に従い「自由の行動」をなし得たように感じられるということもあるに違いない。だが、そうした喜楽の行動も、後日の自己の「智解」に照らせば、まったくもって「因果の必然」に縛られた「不自由の行動」であったと実感されるということもめずらしいことではない。いやむしろ、自己のみならずすべての事物が「両重の存在」である以上、ある方面から見れば「自由」であるかのように感じられる行為も、他方の面から見れば「必然」でしかないと感じられるのは、当然のことと言わなければならない。ゆえに、私たちが「智解相応の行業」を修習するに際しては、成功と失敗のどちらにも遭遇することは避け難いのである。

このように、酸いも甘いも味わいながら修習される宗教上の「行業」のありようは、大略、以下のように描き出すことができるであろう。

——有限と無限の関係を覚知した霊魂は、まずもって「自利利他円満」の無限の理想を実現すべく「修善の心」を掻き立てられることになる。だが、「修善の心」に衝き動かされてなされた行為は、どうしても一面の有限性を露呈させることになるため、人は改めて自己の有限性を痛感させられることになる。けれども、有限性の自覚は自己が無限と異なる存在ではないという認識と表裏一体のものであるため、そこにおのずと絶対無限者に対する「報謝の心」が芽生えると同時に、無数の他者に支えられてある自己の真相を改めて深く省みる契機ともなる。その結果、人の霊魂は再び「自利利他円満」の理想の実現に向けて「自行化他の念」に駆られ、「修善の心」を起こさずにはおれなくなる。別の言い方をすれば、第一の欲求が満たされた後には第二の要求が生じ、第二の欲求が満たされた後には第三の要求が生じるといった具合に、自己心内の満足と欲求とが不断に相続することになるため、宗教上の究極の目標が達成される瞬間まで、そうした「連瑣的循環行事」は止まることがない、と。

第三章　「信」と「知」の関係

Ⅰ　学知から信仰へ

(ⅰ)「信」の確立

「学問」の本領[95]

宗教の要義が、無限の実在が確信されるとともに絶対の安心が味わわれるところにあることについては疑う余地がない。とは言え、無限の実在が確信されるに至るには、その前段において万象万化は悉く有限であるということが認知されていなければならない。このことからも、「信」と「知」の間には密接な関係があることが推察され得るであろう。にもかかわらず、西洋の宗教家たちの間の説では、古来「信」は「知」よりも価値があるとされ、「哲学」に代表されるような学知の営みはとかく軽視される傾向にあったと言える。

「信」から生じる安心の情が、宗教の実際上に不可欠な要素であることは間違いない。だからと言って、宗教心を持つ人が「道理」に合わないことを盲目的に「信仰」しているといった見方には与し難いと感じる人も少なくないであろう。宗教の成立に不可欠な無限の観念のうちには、有限界内の一切の事物が含まれているのである。だとすれば、人びとが抱く宗教心には「道理」に基づく諸論も包摂されていなければならないことになる。このことは要するに、「哲学」の営みをも許容するような「信仰」、諸々の学問研究に対する寛容なる帰依心が獲得されてこそ、私たちははじめてそれを「真正の宗教心」と呼ぶことができる、ということを示唆していよう。「真正の宗教心」が芽生えていない間は、人は宗教上の「信仰」をとかく非合理なものであると迷妄視しがちである。けれども、宗教を迷妄視する「常人」のなかには、人生のある時点で真理の探究心に目覚め、学問の道に進もうとする人も少なくない。

学問研究の本領は、ある事物の存在が認められるとき、その存在理由をどこまでも「道理」に基づいて推求しようとするところに発揮される。「甲」なら「甲」という事象が認められるとして、それが存在する理由を尋ねた結果、「乙」という原因が見出されたとしよう。だが、学問研究の営みは、それで終わるわけではない。原因「乙」を得るに及んでは、さらに「乙」の存在原因を推求して「丙」を見出し、「丙」を得るに及んでは、さらに「丙」の存在原因を求めて「丁」を見出すといったように、前提から前提へと「道理」に基づく探究が無窮的に連鎖していくというところに、学問研究の基本姿勢があると言わなければならないのである。

このように、どこまでも存在理由を探究して止まない学問研究の営みは、事実上完結することがない。このことは、裏を返せば、私たちの霊魂は学知の営みによるのでは完全な満足や安心を得られないことを示唆していよう。

「宗教」の本領(96)

そのような知的探究の無窮の連鎖を断ち切るには、私たちの霊魂は「道理」に基づく思想の活動をいったん離れて、論理上には証明不可能な「原始の前定」を容認する必要がある。宗教上に言われる「真理」とは、まさにこの種の「前定」にほかならない。「真理」とは、言うまでもなく万法に通じて「遍在独立」のもの、「自家独立完備円足」のものでなければならない。そうした性格を帯びた「真理」は、霊魂上にひとたび「覚信」されれば、もはやそれ以外の何ものも必要としないような絶対の実在、すなわち「無限」なるものとして宗教上の「信」の対象とされてきたのである。

しかるに、有限な事物に対して働く私たちの「知」は、しばしば動揺する。言い換えれば、私たちの「知」や「意」が有限な事物を対境として作動している間は、絶対の「安心」を感じることができない。「真理」への探究心を掻き立てられた「常人」が理科学の道へと進み、さらに理科学の道に進んだ科学者が哲学に目を向けるようになり、ついには哲学の道に進んだ学者がそれまで自身が歩んできた学問探究の道を放棄して、以前はまったく迷妄視していた宗教の門を叩くようになるのは、そうした事情によるのであろう。

とは言え、論理的な証明を受け付けない「原始の前定」の容認が宗教の成立に必須だということであれば、やはり宗教は迷妄の産物であるとの謗りは免れ難いと考える人もいるのではないだろうか。

私たちの日常の「知」の営みというのは、異なる事物の間の共通性に着目したうえで、そこに見出される共通点を架橋として展開されるのが常である。このことが意味しているのは、私たち有限者にとって「知」の対象となり得るのは、他の事物との差異を手掛かりに、「甲は乙である」と、正面的かつ肯定的に同定可能な事物に限られるということである。たとえば、私たちが「これ（甲）は人（乙）である」と同定する際には、そこに「人（乙）でない」ものとの差異を暗黙裡に認めていることになる。そのように、いかなる事物であれ、それを私たちの「知」が正面的かつ肯定的に認識する際には、その裏面において「乙でない」何かが反面的かつ否定的に認識されているのでなければならないと考えられるのである。ちなみに論理学では、「甲は乙である」というのは「肯定命題」、「甲は乙でない」というのは「否定命題」と呼ばれる。

ともあれ、現実世界において経験される諸事物について知的考究を突き詰めた末に、万物万象は悉く「有限である」との認識に私たちの「知」が行き着くとき、そこに同時に「有限でない」何か、すなわち「無限」の観念が、反照的に浮かび上がってくることになる。語を換えて言えば、「有限」の観念の背後に、反面的かつ否定的に抽象されてくる思念が、一転して有限界の論理の形式に従うかたちで正面的かつ肯定的に捉え直されたときに把握されるのが、「無限」の観念にほかならないのである。

「知」をつうじて把捉される「無限」の内実については、私たち有限者の知能の及ぶところではない。しかしながら、万物万象は「有限である」との知的認識を欠くところに「無限」が観念されるということは、決してないのである。こうした事情を鑑みても、宗教を「道理」に反した非合理な思想だとしか見ないような人は、宗教の本領について自らの無知を晒していると言うほかない。

(ii)「信」作用の生起

単純な立信、複雑な立信(97)

「信」にこそ宗教の要があるという見方に異論を挟む人は、まずいないであろう。けれども、よくよく案じてみれば、物を認め事を知るとか、物を愛し、物を憎むなどといった、私たちの日常の心のどんな活動であっても物や事の存在を信じていなければ発動することがないように、心的活動の根底に「信」の要素が求められるのは、何も宗教だけとは限らない。してみれば、「信」の作用の及ぶ範囲は実に広く、その意味で「信」は、私たちの精神的活動全般に欠くことのできない「食物」であると言っても過言ではないのである。

ところで、心霊上に「信」が発現するには、そこに必ず一種の疑惑がなければならない。神仏の存在が微塵も疑われていないときには、私たちは「神仏を信ずる」などとは決して言わない。「信」の要素が不可欠となるのは、心底にあって拭い去れない疑惑のために不安の情を打ち消したい思いに駆り立てられるからであろう。だからこそ人は、相容れない二つの結論に向き合うことを余儀なくされたときには、それらを競争させて一方の結論だけを採用し、もう一方の結論についてはこれを切り捨てることでどうにか心の安定を保とうとするのである。

このように「信」は、私たち有限者が生活していくうえで欠くことのできない心的活動と見ることができるのだが、一口に「信」と言っても、そこには単純な「信」から複雑な「信」まで、種々雑多なものを認めることができる。

いわゆる「常人」が起こすところの「信」は、多くの場合自己の見聞・知覚に基づく経験から生じるもので、「道理」を突き詰めた末に獲得されるような類のものではない。そのため、その類の「信」は「軽生妄起」を免れ難い。前日の見聞・知覚に基づいて生起した単純な「信」が、後日の見聞・覚知のためにしばしば動揺させられることがあるのは、そのような理由によると考えられる。動じやすく移ろいやすいものに「安泰の相」がないことについては、多言を費やすまでもない。

また「信」は、学問研究の遂行においても必要不可欠と言える。学問研究においては、学説の提示に先立ち、前日来の種々の定説の妥当性を悉く検証し尽くす必要がある。そうした点からすれば、学問研究上の「立信」は複雑な「立信」の類に属すると言ってよい。しかしながら、学問上の説がどれだけ緻密な検証を経て提示されたものであるにせよ、有限な人知の所産であることに変わりはない。したがって、どんな学説であれ、後日の新説のために動揺しないという保証はどこにもない。どんな学説も、所詮、「仮説」でしかない以上、「常人」が起こす単純な「信」と同様、そこにも「安泰の相」がないことは想像に難くないであろう。

巳信の人[98]

単純な「信」であれ複雑な「信」であれ、早晩、動揺を来して破棄される運命にあると断言できるのは、それらの「信」が有限な事物を対境として立てられていることに根本的な理由がある。

すでに一言したように、宗教上の「信」の対境となる「無限」は、私たちの知が正面的かつ肯定的に思弁可能な領域内の事柄の裏面に、反面的かつ否定的に浮かび上がる「非在」の働きが、言語表現上「有限」と「同格の関係」において対立する一の概念のごとくに捉え直されたものにほかならない。こうした特殊な事情を考慮するなら、「無限」の有無に関しては「同格の関係」において捉えられる諸他の事物の有無と同列には論じられないことがわかるであろう。

「無限」にしても、他の諸々の概念と区別され得ることは間違いない。その限りでは、一の「有限」であるかのごとく理解することは可能である。しかしその内実はと言えば、否定的反面において観念される「非在」の働きであるため、それ自体有限界内の因果の網に掛けることはない。したがって、ひとたび獲得された「無限」の観念は、その後いかなる「縁」に出会おうとも、動転したり改変されたりということはあり得ないとしなければならない。

かくして宗教上の「信」が確立され、揺るぎない精神の足場を築くことのできた「已信の人」は、良智に従い人道を踏み外すことなく、自己の修養に向き合って生きていくことができるのである。

（ⅲ）宗教上の信仰

宗教上の「信」の発現[99]

浄土真宗では、しばしば「二種の深信」ということが言われる。「二種」とは、一つに、自分自身が絶対的に救われ難い身であるという確信（「機の深信」）のこと、二つに、その救われ難いはずの身が無限大悲の救済対象であるという確信（「法の深信」）のことを意味している。前者は「二項別体」の認識、後者は「二項同体」の認識と言い換えても差し支えないであろうが、要するに、相容れない二種の不同の命題をどちらも真理であると「一心」に受領するところに、宗教上の「正信」が獲得されるというのが、浄土真宗において教えられてきた「信」の基本的解釈なのである。

このとき、私たち一人ひとりに突き付けられてくるのは、どうすれば人は「正信」を獲得できるのかといった、実践上の課題であろう。

宗教上の「立信」に先立ち、私たち有限者には非常な知的進歩が求められるということ、哲学的に表現すれば思想推理の究極において二種の異なる「命題」に直面させられる経験をつうじて真実の「信心」が獲得されることは確かだとしても、それはあくまでも必要条件であって、十分条件であるとまで言えない。根本の撞着に行き着くということは、哲学の範囲では処理し切れない、知的には乗り越え不能な壁に突き当たることを意味している。それゆえ、どうすれば宗教上の「信」が獲得できるのかといった実践上の課題に、論理の観点から解決の道を示すことは、どだい無理な話なのである。

宗教上の「信」の発起のありようは、「忽然」、「不可思議」などと形容されることもめずらしくない。そうした物言いが、宗教に入る以前の「常人」にもどかしく感じられてしまうのは、無理もない。論理を越えたところに「信」の発起があるといった物言いは、人が論理的矛盾を「一心」に受け入れて「信仰の門」に「帰降」するかしないかは、ひとえに個人の主観的な「断案」にかかっていると言っているようなものだからである。

だがしかし、二種の異なる「命題」に直面して人が戸惑いを覚えるのは、どこまでも観念上のことにすぎない。哲学思想上の難問題のために、天地も崩れ社会も治まらなくなるかのように感じられてしまう人がいるとすれば、その人は「知」に偏重しすぎていると言うほかない。「知」「情」「意」の三作用を兼ね具えた霊魂には、もとより思想上に帰結される二種の不同の「命題」を、どちらも絶対的な「真理」であると受け止めたうえで、そこに生まれる「情」を味わうことのできる性能があることは確かなのである。

論理矛盾のうえに成り立つ「信」のありようは、仏教では、よく味覚に喩えられることがある。私たちの舌は、「甘さ」と「しょっぱさ」を「甘じょっぱさ」という一つの味として感受することができる。同様に、私たちの霊魂にも二種の相容れない「命題」を「一心」に受用して、そこに生じる一種特別な感情を味わい尽すことのできる性能が具わっていることは、微塵も疑う余地がない。

超絶的心状(100)

このように「信」に伴う一種特別な感情を味わいつつ生きていけるようになるところに宗教の至上の利益があるとすれば、「信」こそが宗教の肝であるとされるのは、至極真っ当な理解とも言える。しかしながら、「信」が発現する前段には、非常な知的進歩が求められることも確かなのである。だとすれば、宗教の門戸を開く第一の鍵は、畢竟、「知」の要素にあると見ることも、十分可能なのではないだろうか。

「信」のうえに営まれる宗教上の行業において、「知」の要素はいかなる役割を果たすのか。私たちは宗教上に求められる「知」の役割を、どのように位置づければよいのだろうか。

そこでまず注目されるのは、「無限」を覚知する以前と以後とに観察され得る「知」「情」「意」の作用の違いについてである。「無限」を覚知して「信」が発現する以前には、他力的要素はいまだ霊魂の深層には浸透していない。そのため、人はどうしても自己発動の「知力」と「意力」をたよりに「邪念妄想」の破却に努めようとする。一方、すでに「無限」を覚知した霊魂には、他力的要素が意識の深奥にまで浸透しているため、その働きはおのずと自他力の区別のない、その意味で「常境」における「知」「情」「意」の働きとは異なる一種特別な超絶的な心状を呈することになる。

霊魂の深層に他力の要素が入り込むところに発動する心状は、それが純潔な「正念」を保っている間は、着実に修養の道を歩むことを可能にしてくれるに違いない。しかしながら、修養の過程において遭遇する種々の出来事は、しばしば霊魂が「正念」を保ち続けることを妨げる要因となる。少なくとも、現生にあるうちは人は神でもなければ仏でもない。しかるべき「縁」に出遭えば、邪念妄想の惹起を抑えられないという現実にこそ、有限者の有限者たる所以があると言っても、決して誇張であるとは思われない。したがって、霊魂上に「無限」が覚知されるという経験は、単に人が宗教の関門を通過したことを意味しているにすぎないとも言えるであろう。

とは言え、ひとたび無限界の光明に接して感化された霊魂には、自己が「無限」に摂取された存在であるとの「信」が獲得されていることも確かなのである。ゆえに、心中に邪念妄想が生起するたびに、人は自己の有限性を痛感させられるのと同時に、無限大悲の救済に深く思いを致すことにもなる。そのことは、見方を変えれば、自己の邪念妄想の真相を見究めたうえでそれを上手く活用すれば、百千の煩悩や悪業も百薬の長に変じて、活転一番、衆生済度の利器とすることも不可能ではないとの思いが心中に催す契機となるということでもある。

Ⅱ 「正信」とは何か

（ⅰ） 宗教心と道理心

「超理」と「不合理」との違い(101)

世の論者のなかには、宗教上の所説には「超理的」な部分が含まれているとの理由で、宗教は科学や哲学の所説とは同列には扱えない「非合理」な思想であると主張する人がいる。だが、教説に「超理的」な部分が含まれるからという理由で、宗教の思想を「非合理」であると決めつけるのは早急であろう。

主観的事実のうえに成立するのが宗教である。そのため、宗教の教説にはどうしても道理では説明のつかない「超理的」な部分が含まれることになる。ならば、科学や哲学の所説には「超理的」な部分は一切含まれていないと言えるのだろうか。「超理的」な部分を含んでいるという点では、科学や哲学の所説にしても宗教上の教説と少しも変わることはない。宗教者同様、科学者や哲学者が向き合うのも、道理では説明のつかない事実や経験なのである。このことは、彼らが提示する学説にしても、どこまでも「仮説」の域を出るものではないということを意味していよう。にもかかわらず、宗教上の所説には「超理」的な部分が含まれているとして「非合理」な思想であると決めつけるのは、無法かつ無謀な主張であると言うほかない。そのような主張をなす人は、むしろ「道理」に精通していないために「超理」と「非合理」とを混同しているものと考えられる。

古今東西、「宗教」と見なし得る現象が社会に広く認められ、現に多くの人びとが「宗教」の信仰によって救われてきたことは、紛れもない事実である。この事実は、いったい何を物語っているのか。容易に推察され得るのは、人間社会に種々様々な「宗教」が生み出されてきたのは、然るべき「道理」あってのことに相違ないということであろう。

学問研究の場合には、私たちに経験されたり観察されたりする事実に基づいて、まずは「仮説」が立てられる。そのうえで道理心をたよりに、その「仮説」の正否をめぐる判定が下されることになる。実際、人類は学的な営みをつうじて、この世の物象間の相互関係を徐々に明らかにしてきた。そうすることで私たち人類は、以前には「超理的」で「不可思議」だとしか感じられていなかった諸現象を、漸次、「合理」の範疇に取り込むことに成功してきたのである。

同じことは、宗教上の諸知識についても言えるはずである。宗教上の所説に含まれる「超理的」で「不可思議」な部分に関しても、私たちの霊魂の開発が進むにつれて次第に「合理」の範疇に取り込まれていくということは、十分あり得べきことであるに違いない。

真正の科学者(102)

もっとも、学問研究上の所説の場合には、個別かつ独自の説を立てることは許されない。対して、宗教上の所説の場合には、時や処、教えに触れる人の能力（機根）の差などに応じて、かなりの程度、教説の変易が許容されてきた。その点においては、両者の所説の間には明確な違いが指摘されなければならない。

基本的に、有限な事柄を研究の対象として営まれるのが学問である。かたや宗教上の諸事業は、円満充足の「無限」の真理に向き合うことを前提に営まれる。とは言え、宗教を必要としているのは、ほかならぬ有限な人間である。そうである以上、宗教上の教説であっても有限な人間の能力に配慮したかたちを採らざるを得ない。換言すれば、有限を無限に「転化」させる諸縁は、有限界内の因果の形式に沿うかたちで提示される必要があるということである。

にもかかわらず、宗教をいたずらに迷誕視する人たちは宗教の教説に採用される助縁的な事象に着目して、それらを「非合理」以外の何物でもないと批判する。しかしながら、そのような観点から投じられるいかなる批判にも、宗教の本領は少しも棄損されることがない。そのことを、私たちはまずしっかりと心に留めておく必要がある。

学問的な見地から宗教の所説を「非合理」であると言い立てて、悦に入っているような人の多くは、単なる「科学心酔者」にすぎない。世界の真理について真面目に探究すれば、その分「不可思議」の領域が「可思議」の範疇に取り込まれていくことは確かである。だが、限りなく広くて深いのが、真理の世界なのである。そのため、一の「不可思議」が解消された先には、また新たな「不可思議」が現れるといった具合に、学的探求の道には終わりがないことも確かなのである。

学問研究の奥深さを身をもって実感し、人知の有限性に思いを致すようになった学者が、ついに「宇宙の大勢力」を認めるに至るというのは、当然の成り行きと言える。学問研究の道に精通した「真正の科学者」というのは、いかなる学説も有限な人知によって提示された現時点での「仮定」にすぎないことを熟知している。逆に言えば、そのことに動じたり絶望したりするようでは「真正の科学者」とは、到底言えない。「宇宙の大勢力」を認めるということは「無限」の実在を認めるに等しいからで、そのような眼を持ち合わせていればこそ、「真正の科学者」は日々の研究に真摯かつ謙虚に向き合えるのである。

(ii)「正信」と「迷信」

「迷信」の対象[103]

「正信」とか「迷信」というのは、宗教界における「常套句」とも言えるが、ある信仰が「正信」であるか「迷信」であるかを区別するのはさほど難しいことではないと考えている人もいるようである。しかし、多くの宗教家たちが、自らが信奉する教えだけが「正信」で、その他の教えはすべて「迷信」であるかのごとく考えているといった実情を鑑みれば、「正信」か「迷信」

かの区別は、結局のところ特定の教えを信仰しているか否かの問題であって、「正信」と「迷信」を明確に区別しようとすること自体、無意味であるようにも思われてしまう。

だが、改めて「正信」か「迷信」をめぐって喋々と議論してきた宗教家たちの心中を察するに、人類に無上の価値をもたらすのが「正信」であるのに対し、「迷信」は至大の害悪をもたらすと考えているからに違いない。だとすれば、「正信」と「迷信」の判別方法について、いまいちど慎重に検討したうえでその違いを明確にしておくことは、宗教界における最重要かつ喫緊の課題であると言っても言いすぎではないのかもしれない。

「正信」か「迷信」かをめぐる宗教上の論議が往々にして水掛論に終始してきた理由は、宗教家たちの主張が漠たる判断に基づいてなされてきたことにあると考えられる。有限な霊魂を無限に進化させるところに宗教の真相があるのだとすれば、宗教上の信仰が「正信」か否かをめぐる第一の判別基準は、信仰の対象となるものが霊魂に感化を与えて無限の理想に転化させる働きをなすか否かにあることは論を俟たない。ところが世の幾多の宗教のなかには、信者の霊魂に少しも感化を与えず、転化も促さないようなものが「真神」であるかのごとくに崇拝されているといった例も見受けられなくはないのである。そのような信仰は、単なる「偶像崇拝」であって「死物」であると見なされても致し方ないであろう。

「正信」の対象[104]

無論、単なる「偶像」にすぎない「死物」が「真神」のごとくに崇拝されているからと言って、その信仰を直ちに「迷信」であると断じるのは、早計な判断とも言える。宗教上の対境として向き合われる「不可思議」は、そもそも「不可思議」であるとすら言表できない何かなのである。ゆえに、それを「無限」と称してみたところで、有限界内の言語をもって表現されている以上は、そのどこかに「偶像」的性格が残ることにならざるを得ない。

私たち有限者が向き合えるのは、正面的かつ肯定的に把握可能な対象だけに限られる。しかも、宗教上に向き合われる対象は、「無限」のような抽象的観念として示されるよりも、具体的な姿や形で示されたほうが、より多くの人びとの関心を引きつけやすいことは確かであろう。

ちなみに仏教では、信仰の対象となる「不可思議」は、「阿弥陀仏」とか「大日如来」とかといった、一種の「偶像」のかたちをもって表現されてきた。また、仏教以外の宗教でも、「牛」や「蛇」などが「真神」として崇拝されてもきたのである。これらの事実からも言えるのは、たとえ「鰯の頭」が信仰の対象とされたとしても、人びとの霊魂を感化して、進化を促す効能を発揮し得るのであれば、「正信」の対象と見なされて一向に差し支えないということであろう。

このように、「正信」か「迷信」かをめぐる判別基準は、一義的には「信仰」される対象が霊魂の進化に寄与するかどうかにあると考えられるのだが、この基準に従属する判別方法としては、次の三つを挙げることができるものと思われる。

一、宗教上の信仰が科学や哲学の原理に合致しているか否かといった見地から、その原理に合致しているものを仮に「正信」とし、そうでないものを仮に「正信」とする方法。

二、宗教上に奉持されている信仰がその宗教が掲げる究極の目的と必然的な関係にあると判断され得るものは、これを仮に「正信」とし、そうでないと判断されるものはこれを仮に「迷信」とする方法。

三、複数の宗教がある場合、各教説中に含まれる超理的な条項の数を比較して、数の少ないほうを仮に「正信」とし、多いほうを仮に「迷信」とする方法。

これら三つの従属的な判別法のうち、第一の方法に関して言えば、世人から「迷信」であるとの批評を避ける意味でも、宗教者は、極力、科学や哲学の原理に抵触しないかたちで教えを説くよう努める必要がある。とは言え、科学や哲学の原理にも誤りはつきものである。したがって、学問上の原理に反しているからと言って、直ちに「迷信」の判定を下すことは差し控えるべきであろうし、何より「信」をめぐる正不正の判断は、宗教の存在価値を左右するほどの多大な影響を与えかねない。であってみれば、特に宗教者たる者は、くれぐれも軽忽な判断を下して無用の紛争を招かぬよう、心しておくことが大事であろう。

(iii)「迷信」の勦滅《そうめつ》

宗教の精緻(105)

いまだ「無限」の堂に上っていないうちは、人はとかく己我の利害や損得に熱心になりがちとなる。宗教の要点を一口に言えば、「我執」を離れ「無我」の信念に立つことを教えてくれるというところにある。就中、仏教では「無執着」に立つことの大事さが強調されてきた。だが、皮肉なことに、そのことがかえって教えを聞く人に「無執着」への「執着」を生じさせ、有限界の諸事業に対して殊更に「冷淡」になるといった態度を生じさせる遠因ともなってきたことは否めない。

無限の眼を獲得して、宗教の精致を真に味わうことのできる人は、自らが他力の不可思議力に生かされていることに感激を覚える一方で、ありとあらゆる事象、この世の一切の存在が、絶対無限の「妙用」の現れであると感受されるため、一挙手一投足が私心なき衷情から発せられるようになる。語を換えて言えば、真に「無我」の信念に立つ人の振る舞いは、「熱心」と「冷淡」をともに離れた風致を呈するようになる。

「心だにまことの道にかないなば　いのらずとても神やまもらん」という古い一句がある。この句には、「無我」の信念に立つ人だけが味わい尽せる宗教の精緻が示されていることを、私たちは心に刻んでおくべきである。この心さえ盛んになれば、有限界内で私たちがなす一切の道徳善行も、次第に成就するようになるに違いない。

淫祠の源泉(106)

宗教の信者が、「正信」と「迷信」の判別をめぐる宗教上の根本問題にけりをつけて「迷信」

の一掃に努めなければならない最大の理由は、「迷信」はしばしば「淫祠の源泉」となり、社会に「害毒」をまき散らす結果を招きかねないということにある。

「正信」を味わうのも、「迷信」に惑うのも、畢竟、個々の心である。私たちの霊魂は、「正信」の確立や維持を可能にしてくれることもあれば、「迷信」を生じさせ「正信」の確立や維持を妨げる働きをすることもある。しからば、私たちの霊魂が「迷信」に惑わされるのはなぜなのか。また人はどのような場合に、「迷信」に足を掬われることになるのだろうか。

「迷信」を生じさせる主たる要因には、①知的作用から生まれる「邪信」、②情的作用から生まれる「偏信」、③意的作用から生まれる「頑信」の三つが指摘できるものと思われる。このうち、世の「学者」が起こしやすいのが①の「邪信」で、「学者」のなかでも特に「宗教界の専門学者」が起こしがちなのが②の「偏信」と③の「頑信」と言ってよい。

一般に「学者」というのは、自己の推理弁証の力の限りを尽して物事の成立論拠を探求することを日々の生業にしている人のことを指す。そのため「学者」が提示する種々の学説の背後には、根拠に対する強い信念があることは間違いないのだが、その分、ひとたび確信をもって示された学説は、そう簡単に撤回されることがない。自説に拘泥して新説の成立を拒む「学者」が少なくないのは、そうした事情によるものと推測される。だが、学者の頑なな姿勢は、ややもすれば「邪信」を生じさせることになる。そのことが、かえって学問の進歩を阻害する結果となることは言うまでもない。

次に「宗教界の専門学者」が抱きがちな「偏信」の過失に関して言えば、彼らが日夜取り組む研究は、自らが奉じる宗教上の教義の絶対的な正しさが前提となっている。けれども、教義の正しさの根拠はどこにあるのかと尋ねれば、「金言」だからといった答えが返ってくることもめずらしくはないのである。そうした事情の裏側には、伝統的に継承されてきた教義だから大事にせねばといった、私的な感情がある。そのため、彼らは先入の「信」の護持に努めようとすると同時に、殊更に後来の「信」を憎悪し排斥しようとする「偏信」に陥るはめになると考えられるのである。

では、同様に「宗教界の専門学者」が抱きやすい「頑信」についてはどうか。「頑信」の過失が生じるのは、彼らが伝統的に継承されてきた「処世安心」の「大信」を、堅固な意志を貫いて護持せんとするからである。自分がそれまで固く信じてきたことが、世の知識の進展に伴って宇宙の事理や万有の原則に合わないことが明らかになったにもかかわらず、旧来の「信」が「正信」内に置かれて奉持され続けるときには、それらの信は当然「迷信」に転じることになる。

以上のことを要約すれば、「宗教界の専門学者」をはじめ、世のいわゆる「学者」たちが得てして「迷信」に囚われやすいのは、公明遍通の推理弁証に努めようとする姿勢が欠けていることに大きな原因があると言わざるを得ない。

Ⅲ　理相と事相の相関

(i)「覚者」および「楽土」の存在

神仏も楽土も実在する(107)

仏教でもキリスト教でも、「神仏」や「楽土」の実在が説かれてきた。そのこともあってか、世人のなかには「神仏」や「楽土」が実在するかどうかを天地万物の関係上に調査した後でなければ、宗教の信仰に入ることができないと考えている人も少なくないようである。だが、学問的に考究・調査したうえで「神仏」や「楽土」の存否を明らかにしようとする発想自体、見当違いも甚だしい。「神仏」や「楽土」の実在というのは、個々人の心地において信じられる性格のものにほかならない。言い換えれば、そこでは主観的事実が客観的事実に先立つ、と言わなければならないのである。

ただ、そうは言っても、主観的事実が客観的事実に先立つといった説明をすんなりと受け入れられる人はさほど多くはないであろう。「神仏」や「楽土」の実在如何をめぐる問いに明解を示すことは、決して容易いことではない。そこには、たとえば「冷たさ」とは何か、「暖かさ」とは何かを説明するのと似たような困難さがつきまとう。「冷たさ」や「暖かさ」というのは、主観的事実として経験されてはじめて私たちの観念にのぼるものであって、客観的事実として存在するものではないからである。宗教上の「信」は、あくまでも主観的心地のうえに成り立つことの説明については、ひとまずこの程度で、各自推知してもらうよりほかはない。

もっとも、宗教心の対境となる「神仏」や「楽土」の実在を論理的見地から証明することは不可能ではない。

「神仏」の実在については、以下のような説明が可能であろう。私たちが哲学上の最大範疇なるものを想定すると仮定しよう。その場合、当然のことながら、主観的にも客観的にも「無限なるもの」が思い描かれることになる。その「無限なるもの」は、無論「完全」にして「唯一」、「絶対」のものでなければならない。さらに言えば、そうした哲学上の最大範疇は、宗教的に認識されるときには、「自利」「利他」の両面において無限の性能を有する「悲智円満」の本体とされ、人びとの尊信帰敬の対象とされてきたのである。

かくして「悲智円満」の「尊体」として向き合われる「神仏」が実在し得ることを、私たちはどのような論理をもって証明することが可能なのだろうか。

万物の「転化」の極みは「無限」に到達するところにあるのだとすれば、各有限間には「転化」の度合い応じて上下優劣の差別が認められることになるであろう。ところで、無窮の過去から現在に至るまで、有限は無数存在したはずである。だとすれば、無限の時間のなかで「転化」してきた無数の有限のうちには「無限」の極みに到達した「最上最優者」がいたとして何ら不思議ではないし、逆にいないとするほうがよほど道理に合わないことであると言えるのではないだろうか。

一方、「楽土」の実在については、どのような証明が可能であろうか。確実に言えることは、いかに無限の性能を有する「神仏」であっても、「縁」なき存在は救えないということである。したがって「神仏」に具わる広大無辺の智慧には、存在の救済を求めて衆生が「信」を起こすことまでも見越したうえで、衆生との接点となるべき「縁」を予め用意しておくといった周到さも含まれていなければならないことになる。

そこで再び注目されてくるのが、阿弥陀仏の「願」である。阿弥陀仏の「願」には「自利」と「利他」および「共利《ぐり》」といった方向性の異なる三種の「願」の円満成就が誓われている。なかでも、注目されるのは「共利の願」である。「共利の願」とは、宗教上の無上の利益を自他共に分かち合いたいといった願いのことを指す。浄土教の物語によれば、阿弥陀仏が「共利の願」を手っ取り早く叶えるための手段として選んだのが、自己と衆生とが共に住まうことのできる「浄土」を建設することであったとされているのである。

神仏も楽土も実在しない(108)

形式論理上には相容れない二種の不同の「命題」を、どちらも絶対の真理であると「一心」に受けるところに獲得されるのが、宗教上の「信」である。このことが何を意味しているのかと言えば、「神仏」や「楽土」を実在のものとする思想の反面には、常に「神仏」も「楽土」も実在しないといった思想が貼りついているのでなければならない、ということにほかならない。

実際、「神仏」や「楽土」の存否をめぐっては、理論上「実在する」と断言し得るのと同じ確度で、理論上「実在しない」と断言することも十分に可能なのである。なぜなら、「因位」の霊魂が種々の「縁」に触れて「無限」の「果位」に到達するには、理論上、無限回の「転化」を経る必要があるとしなければならないからである。

作用の中心体として種々の「縁」の刺激を受け止める霊魂が、無限回の「転化」を経るには、無限の時間を要することは言うまでもない。しかるに、時間というのはいまこの瞬間も止まることなく刻まれ続けているのである。そうである以上、すでに無限の時間が経過したとは言い難い。それゆえ、無窮の過去から現在に至るまで「無限」の「果位」に到達した「覚者」もいなければ、「共利の願」の成就に伴って建設された「楽土」も存在しないことに、少しの疑いもないのである。

このように、宗教上の「信」の基底には、根本の撞着が横たわっているのである。にもかかわらず、なぜに多くの人びとは、相容れない二種の命題をいずれも真理であると受け止めてきたのか。そのような疑問が、宗教の外部から投げかけられたとして、それに対する論理的な説明は、到底不可能であると言うほかない。宗教が論理を超えた「実験」であると評される所以である。

（ii）擬人主義

教化の法門[109]

真理に広狭大小の区別などあるはずもない。宗教の意義は、広狭大小の区別のない純一円満な真理を想見した霊魂が自由で安穏な生活を享受することを可能ならしめるところにある。しかしながら、各宗教・宗派の教説には、細かい視点で見れば相互に関連していないように思われる点が、随所に見受けられることも事実なのである。

「仏教」と呼ばれる宗教一つをとってみても、八万四千の「法門」が存在すると言われる。たとえば、密教では「即身成仏」が、禅宗では「見性成仏」が、浄土真宗では「念仏成仏」が、といったように、一概に「仏教」と言っても各宗派で強調される教えのかたちには、かなりの違いが認められる。もっとも、仏教においてかくも数多《あまた》の「法門」の共存が容認されてきた背景には、千差不同の衆生を慮る諸仏の「大悲心」が、各々の機根にとって最適な「縁」となるよう、多種多様な教えを取り揃えておいてくれているといった、共通理解があったことは間違いない。

どこまでも純一円満な真理を示すのが宗教である。とは言え、その恩恵に与るのはあくまでも因果の世界に身を置く有限者なのである。したがって、どんな宗教上の教説であれ、有限者にとって受け止め可能な事物や論理の形式に沿うかたちでしか示され得ないことは、理の当然と言わなければならない。

さはさりながら、有限界内の事物に仮託しつつも、宗教上の教説に触れた霊魂に純円完備の真理を感伝させるなどということは、はたして可能なのだろうか。千差不同の機根を有する有限者のために誂えられた種々の教えには、もたらされる宗教上の効果の点で広狭大小の違いがあると見るのが、むしろ妥当な理解と言えるのではないだろうか。

真正の宗教である限り、どんなかたちの教えに触れようが純円完備の真理を感受できることに疑念の余地はない。そのあたりの説明については、「電機の装置」を引き合いに出すことで、多少の理解の助けになるかもしれない。「電機の装置」の内部を走る電線には、その行路に無数の位点、すなわち無数の「有限」の部分が存在していると見ることができる。ただ、装置内にめぐらされた電線は「連鎖の形状」をなしているため、どの位点に触れても等しく全電力の刺激、すなわち「無限」の感伝を受けることになる。

この世に数多存在する宗教のどの教説に接したとしても、それが真正の宗教である以上、必ず純円完備の利益を享受できるといった道理の一端は、「電機の装置」のような具体例からもうかがい知ることができるのではないだろうか。

宗教の極致に至った人(110)

宗教上の真理は、大乗仏教では「縁起」とか「空」などといった抽象度の高い教説をもって宣揚されてきた。「縁起」とか「空」といった「理相」が説かれてきたことが、仏教の根幹思想を人びとの間に定着させるのに一定の役割を果たしたことを否定するつもりはない。けれども、諸仏・諸菩薩が発《おこ》す大悲には、一人でも多くの衆生を救いたい、無限の境地へと至らせたいとの切なる願いが込められているのである。だとすれば、宗教の諸事業において最も重要な課題は、どうすればより多くの霊魂を感化して無限のさとりに導けるかということにあるに違いない。そして実際、そのことを実現させる工夫が上手く機能しさえすれば、理論的説明は後回しで構わないといった発想も、あるいは許容されてしかるべきではないかとも考えられるのである。

宗教的観点からなされる説明と哲学的観点からなされる説明との違いは、宗教上の説明には情的な要素が多く含まれるという点にある。私たち有限者にとっては、「因縁生起」とか「諸法皆空」などといった高度に抽象化された「理相」が示されるよりも、具体的事象に引きつけた「事相」に依拠するかたちで教えが説かれたほうが、感化を受けやすいといった傾向があるように思われる。宗教上の教説では、「無限」の観念は、多くの場合、人間界の智慧や慈悲の最上最勝の理想を体現した「至完の霊体」、「有意有心の尊体」として擬人的に語られてきた。その背景には、以上のような事情があるものと推察される。

宗教の真相が一種の「擬人主義」をもって開示されることの利点は、有限界の言説を超絶した絶対の真理が因果の形式に即した「事相」に落とし込まれることで、有限者にとって親しみやすい「模範」となるという点にある。ただ、そこには一つの落とし穴がある。一歩間違えれば、偶像のみを拝するといった信仰者の態度を生じさせてしまう危険性が待ち受けているということである。

偶像のみを拝して偶像を超えた真理のあることを知らない人は、神仏実在の側面だけを見て非実在の側面を見ない人とも言える。対して真に宗教の極致に至った人は、信仰の対象として自らが対峙する「尊体」を「事理相即」の観点から捉えることのできる人と評することができる。換言すれば、一人でも多くの霊魂を感化したいと願う覚者の智慧と慈悲の働きが、一種の偶像というかたちをとりながら真理の実相を表現しているということを重々承知したうえで偶像を拝している人と言ってよい。

真に宗教の極致に至った人は、他の宗教の信者が崇める偶像を無下に否定したりはしない。そのような人は、偶像のうちにかたちなき「無限」を見ているがゆえに、偶像を拝することを許すとともに、偶像に縛られることのない、宗教の妙なる境地を味わいつつ生きていくことができるのである。

(iii) 他力門の真相

信行証の次第(11)

何事であれ、それを成し遂げるためには、まずは実現可能と思われる範囲内に目標を設定し、それ相応の努力を積むことで、はじめて所期の目標が達成されるというのが、世間一般の常識的な発想である。仏教の修養論では、そうした発想はしばしば「発信」から「起行」、「起行」から

「得証」へと至る「信行証の次第」として語られてきた。このことは、本来世俗の発想には収まり切らないはずの宗教上の語りにおいても、多くの場合「信」から「行」、「行」から「証」へといった、私たちの日常経験に即した「因果の方軌」に寄り沿った説明のされかたが採用されてきたことを意味している。

仏教の八万四千の法門のうち、他力浄土門の教えに関して言えば、有限界内の「因果の方軌」に従った「信行証の次第」は、阿弥陀仏の第十八願にも確認することができる。そこに見て取れるのは、「南無阿弥陀仏」を称えれば浄土に往生して救われると「信」じた霊魂が、「念仏行」を実践することで無限の「証（さとり）」を獲得できるといった、常人にとって理解しやすい因果の次第であることは確かである。

だがしかし、宗教の教えは、あくまでも「出世間」の教えである。宗教上の教説が世間通途の因果の次第に寄り沿うかたちで示されることには、それなりの利点があることは間違いないとしても、そこには常に思想の本質が歪められてしまう危険性が潜んでいることは、十分に心しておく必要がある。

しからば、第十八願に説かれる衆生救済のありようが「信行証の次第」をもって理解されるとき、いったいどのような問題が発生し得ると考えられるのだろうか。

自力門の宗教では、基本的に「信行証の次第」をもって修養が語られる。その場合、まずもって指摘されなければならないのは、無限に対する「信」を二度にわたって発《おこ》す必要が出てくるという問題である。有限者の心中に念仏せんとの意念が生じるのは、その前段において「念仏」こそが「往生」に不可欠な「行」であるといった「信」があってこそのことであると言える。だが、少なくとも「南無阿弥陀仏」を称えた時点では「往生」の「証」はいまだ現実のものとなってはいない。念仏の行者が「得証」の利益にあずかれるとすれば、「起行」の先の未来のことと考える以外にないであろう。だとすれば、「念仏行」に先立つ「信」、すなわち「念仏」こそが「往生」に不可欠な「行」であるとの「信」とはまた別に、「念仏」した先の未来に必ずや「往生救済」が待ち受けていることへの「信」を発す必要があることになる。

宗教上の修養の次第が、「信行証の次第」に従って語られることの難点は、要するに、絶対無限の働きが分割的に捉えられている点に指摘されなければならない。私たち有限者は、第一段の「発信」の時点ですでに純一円満なる無限の働きに接しているのである。そうでなければ、念仏せんとの意念を催すはずもないのである。にもかかわらず、そのうえに「往生」の「大果」が獲得されることへの「発信」が求められるというのであれば、純一円満で不可分であるはずの無限の働きが、二段階にわたってもたらされるということになってしまう。

こうした理解には、宗教思想として致命的とも言える論理的欠陥が指摘されなければならないであろう。

因果同時[112]

ただ、他力浄土門では、念仏の行者に無上の救済の果がもたらされる次第が「信行証」の順序で語られてきた一方で、「往生」の実現のために不可欠な「行」は、衆生が「信」を発す遥か以前に法蔵菩薩によって成就された「大行」によって肩代わりされているとも教えられてきたのである。

本来であれば、衆生が自ら「信」を発して「行」に取り組み「証」を実現しなければならないところを、法蔵菩薩の「大行」が肩代わりしてくれているといった教えは、いったい何を示唆しているのか。

端的に言えば、浄土教の救済の論理には「信」から「行」へ、「行」から「証」へといった世間通途の因果の次第は当てはまらないということであろう。換言すれば、衆生が存在の救済を求めるに先んじて、阿弥陀仏の無縁の大悲が自ら誓い、自ら成就した「無限行」にこそ、衆生を「証果」へと至らしめる「本行」があるということである。だとすれば、第十八願のうちに表面的に見て取れる「信行証の次第」は、正確には「行信証の次第」として理解されるのが妥当だということになる。他力浄土門の教えの真相について誰にもまして深く思いをめぐらせた親鸞聖人が、『教行信証』を書き遺したのは、そうした理由によるのである。

このように、浄土他力門の教えの真相は「行信証の次第」として理解される必要がある以上、存在の救済を求めて「発信」、「起行」する「因位」の霊魂のうちに、すでに無限の「得証」が実現されているといった「因果同時」の見方が、必然的に成り立つことになる。

とは言え、「因果同時」ということ自体、通常の論理の網にはかからないため、こうした発想をすんなりと受け入れられる人は、それほど多くはないのかもしれない。だが実際、修養の歩みが「信行証の次第」として捉えられるとすれば、無限の時間が経過した後でなければ無限の「証果」には至れないということになってしまう。このことは、事実上「得証」の道が閉ざされることを意味する。けれども、ひとたび絶対無限の感化に浴して修養の道を歩み出した霊魂は、すでにその純一不可分の働きに接したからには、もはや純乎たる有限存在ではない。だとすれば、「因位」の霊魂中に発起する「信」のうちにも「行」のうちにも、無限の「証果」が実現されていると見ることに、何の問題もないであろう。

一言付言しておけば、「因果同時」というのは私たちの日常経験に照らしても、あながち暴論とは言えないはずである。成長という現象を例に考えてみればわかるように、成長の「果」は必ずしも飲食後に現れるわけではない。極微に分析すれば、成長の「果」は飲食中にも刻々と現れつつあることは、何の疑いもないのである。

Ⅳ 「方便」と「回向」

(ⅰ) 絶対無限の「方便」

「方便」の真相(113)

仏典中の頻出語であるにもかかわらず、その意味や使用をめぐって多種多様な解釈を許してきた言葉の一つに「方便」がある。なかでも、ある人は「方便」を「虚構詐訛の事」とし、ある人は「至重の必須方法の事」と解釈するといった例などは、最もかけ離れた両極端のものと言ってよい。仏教の根本思想を理解するうえで重要な鍵を握ると思われるこの概念が、仏教者の間ですらほとんど正反対の意味に解釈され、使用されてきたという不可解な事実の背景には、いかなる事情があるのだろうか。

「方便」とは、不動不作の無限の本体が、自ら進んでその本位を棄却して、有限界の因果の形式に変現するという「奇事業」のことを意味している。このことはすなわち、この世界に様々な現象が生じる背後には、常に無限を主体とした不可思議な働きが想定されているということにほかならない。少なくともこうした原義からすれば、「至重の必須の方法の事」といった解釈が生まれるのも十分頷けはする。

ところで、「無限の因果」によって立ち現れるところに「方便」の真相があるといった理解は、「方便」という用語が、無限の「信」を前提に成立する宗教上の概念であることを意味している。宗教における究極の目標は、「自利利他円満」の理想がこの身において体現されることにある。そのため、宗教心を獲得して修養に励まんとする人は、自分だけが無限との一致を果たして、不動不作の無限の本位に「還滅」することに満足を覚えることは、決してない。無限の境地に体達した暁には、こんどは自ら有限界に「流転」して、自己以外のすべての存在が無限との一致を果たすその日まで「摂化救済」の事業にあたらずにはいられないというところに、まさに「方便」の真相があるとしなければならない。

皮相者の誤想(114)

そこで改めて、「方便摂化」の奇事業についてより細かな視点で分析すれば、そこには①「無限の変現」、②「無限と有限との融会」、③「有限帰無限」からなる三段の変転を認めることができる。このうち①は有限の因果界に無限が自ら姿を現す段において、②は無限が衆生の「信」を促す段において、③は無限が衆生済度の事業をなし終えた段において、それぞれ想定され得る変転と見ることが可能であろう。

このとき誤解してはならないのは、これらの三段の転変に、軽重の差など微塵もないということである。と言うのも、①の変転は、②の目的を達成するための手段として、さらに②の変転は、

③の目的を達成するための手段として位置づけられるものであって、③の転変は、その目的が達成されるや、翻って①の目的を達成するための手段として新たに位置づけ直されることになるからである。

この世に救済を求めてやまない存在がある限り済度の事業に向かわずにはいられないのが、真の無限者というものである。そのため、自ら有限界に変現して他の有限を無限の境地へと到らしめる事業を成し遂げれば、再度有限界に変現して「方便摂化」にあたるといった具合に、宗教上に見据えられる目的と手段とは、最後の一人を救済し終わるまで不断に円環して止むことがないのである。

有限に対する無限の活動というのは、大悲大智に由来する「至真至誠の妙現」であって、そこには一点の「欺妄心」も含まれてはいない。「方便」が、浄土真宗ではしばしば「善巧方便」とも表現されるのはそのためである。

対照的に、私たち有限者がなす諸活動には、どれほど「至真至誠」に努めたとしても、どこかに不実の心が入り込んでしまうことは避け難い。「方便」が、徹底実誠を欠く「虚構詐訛の事」とも解釈されてきたのは、つまるところ「方便」を無限の「意」の妙現と見るのではなく、有限者の「意」の働きとして見るという「皮相者の誤想」に起因していると考えられるのである。

（ⅱ）「他力回向」の信行

「回向」の必然⑮

どれほど優れた霊魂も、「方便」の働きによらずして宗教上の証果を獲得することは不可能である。有限者の知識で見通せる範囲には、おのずと限界がある。私たちがどれほど「自力」を尽したところで有限の範疇を超えられないのは、当然のことと言わなければならない。

私たちが人知の限りを尽して、有限界内の事象間の関係について考究するとき、物心二界の諸現象はどれもみな元一不可思議の本体の変現であって、それらは例外なく、一定不変の理法に従い変化するといった「無限の因果」を認定せざるを得なくなる。仏教では、万物万象は「無限」の不可思議力の発動に伴い現実世界に顕現するといった思想上の見解は「回向」と呼ばれ、「方便」と並ぶ重要な概念の一つとされてきたのである。

世人の多くは、「信」であれ「行」であれ、個々人の「発心」なくしては発現し得ないと考えているというのが実情であろう。そうした常識の背後には、宗教の成立に不可欠な人間と神仏との関係について、前者を活動の「能求者」、後者を活動の「所求者」とするといった基本的な理解の構図があるものと推察される。しかしながら、有限（人間）と無限（神仏）の二項は「異格の関係」において対立する二項にほかならないのである。その点を再度しっかりと踏まえたうえで、人間と神仏との関係についてよくよく考察するならば、無限のうちに包摂された有限な人間は常に活動の「所求者」で、有限をそのうちに包摂する無限の神仏は常に活動の「能求者」であるとの結論に行き着かざるを得ないであろう。

有限と無限の関係を認知して信仰の堂に上った人が、自己を活動の「能求者」と見るような世間一般の常識的発想に、二度と立ち返れなくなることは想像に難くない。そのように世間通途の発想が翻された人にとって、自己の一挙手一投足は悉く「他力回向の必然」により賦与された働きであると感受されるようになる。すなわち、自らが主体的に発心して「起行」することはおろか、宗教の成立に不可欠な「信」すらもかの無限他力の働きなくしては発現し得ないといった感得とともに、人はその後の人生を歩んでいくことを宿命づけられることになるのである。

「他力回向」の心[116]

ところで、浄土真宗では、真実の信心は「他力回向の必然」として称えられる「南無阿弥陀仏」とともに獲得されるとも教えられてきた。

「南無阿弥陀仏」の「南無」とは、無限の「妙不可思議力」に全存在を「乗托」することを意味する梵語の namo《ナモー》 の音写語で、仏典中では「帰依」とか「帰命」とかとも意訳される。したがって無限の仏陀に対して私たち有限者が「南無」するときには、その心情は無限と一つに融け合って、心中に発起するどんな意念も無限の側から賦与された「他力回向」の表れとして感受されることになるのである。

「南無」の一念に生起する諸々の心理現象が「自心自力」の発動による作用でないことについて異論を挟む人は、それほど多くはないのかもしれない。だが、「自心自力」の発動でないのなら、

「他心他力」の発動に違いないと考える人も、なかにはいるようである。そもそも、「自心自力」でなければ「他心他力」に違いないと考えること自体、このうえない誤解と言うほかない。無限の仏陀に「南無」するということは、常境の因果の網では捉えることのできない「非自非他の絶対的妙心」になり切ることにほかならない。その意味で、有限者の一念に発起する「信行」をも含めて、自己がなす一切の行業は妙不可思議力の「回向」の賜物以外の何物でもないと了解する以外にないのである。

我が身において宗教上の極果を体現せんことを希望する人は誰であれ、自ら「信」を起こして「行」に取り組む必要がある。にもかかわらず、その「信行」は「自心自力」の発動によるものでないというのは、甚だ矛盾に満ちた物言いだと言われればその通りであろう。だが、ここで私たちが直面させられる矛盾は、あくまでも知の地平において指摘され得る論理上の矛盾にすぎない。言い換えれば、私たちの知が、どれだけ哲学思想上の矛盾に直面させられようが、そのことで生の現実が否定されたり生の基盤そのものが切り崩されたりするわけでは、決してないのである。

その種の思想上の撞着を抱えつつも自己修養の道を「虚心平気」に歩んでいけるようになるには、私たちは「他力回向」の働きに是非とも遠く思いを致す必要がある。「信行」を起こすのは、確かに個々の有限ではある。だとしても、個々の有限の背後には常に無限他力の働きがあるのである。してみれば、無限の「妙不可思議力」に「南無」することで、「転悪成善《てんまくじょうぜん》」の果はおのずとこの身に実現されるに違いないのである。

「他力回向」の働きに目を向けることで自己の思索を深めていった先に、他力救済の必然を確信するに至った歴史上の人物の一人が親鸞であった。親鸞は自著（『教行信証』「信巻」）のなかで、『大無量寿経』にある「至心回向」という文言に、独自の解釈を施している。漢文読み下しの常識からすれば、「至心回向」は「心を至し、回向して」と、明らかに念仏者を主語として読まれるべきところを、親鸞はあえて「至心に回向したまへり」と読み下すことで、「回向」の働きが阿弥陀仏（他力）の心の発動以外の何ものでもないとの理解を示しているのである。

（iii）宗教的信仰の発現

信の発現を促す条件(117)

万物万象は「無限の因果」の表現以外の何ものでもないとの思想を受容するに至った人は、「無限」の実在が認知されるのも、情愛意欲に駆られて修養の道を歩もうとする心が起こるのも、ひとえに「善巧方便」ないし「他力回向」の働きによると感じずにはいられなくなる。

だがこのとき、私たちはまたしても、次のような疑問の壁に突き当たることになるのではないだろうか。先の理解では、知的営為の究極において二種の「命題」に行き着いて哲学上は後にも先にも進めなくなった霊魂が、不同の「命題」を、どちらも絶対の真理であると「一心」に受け入れるところに成立するのが宗教上の「信」であるとされた。ところが「方便」や「回向」をめぐる考察においては、一転して無媒介的に生起するのが宗教上の「信」であって、私たちの知的営為の先に獲得されるものではないとの帰結に逢着するのである。ならば、どうすれば私たちは真実の信心を獲得することができるというのか。知識上の工夫や造作に努めることと宗教上の「信」の獲得との間には、何の相関性も因果性もないと理解すべきなのかと、いった疑問がそれである。

結論から先に言えば、宗教上の「信」が発現する前段には、それを促す条件として有限者の側の知識上の工夫や造作が大いに求められるとしなければならない。

一般に仏教では、宗教上の「信」が獲得される前段においてはもちろん、宗教上の「信」が定まって以降も、一切諸物の「空」にして「無我」なることを繰り返し胸に深く刻み込むべく知的工夫に努めることが強く推奨されてきた。いわゆる「空観」の実践である。ただ、「空観」の実践が信心獲得のための十分条件かと言えば、決してそうではない。この種の知的工夫や造作は、差別の邪念や妄想に眼を蔽われた「盲者の盲病」を取り除き、「開眼覚色」させるのに必要な準備作業、あるいはいったん無限の真理を想見したはずの眼が再び煩悩の霧に蔽われるのを未然に防ぐための手段にすぎない。その意味で、「空観」の実践による知識上の工夫や造作から期待される宗教上の効果については、なお忽然不可思議の域を出るものではないと言わなければならない。

悟道の大縁[118]

このように、究極的には不可思議としか言いようのない、知的努力と宗教上の「信」の発現との間の相関・因果関係について、有限界の道具である言語を用いて強いて説明を試みようとする場合には、現象界の事物に仮託した比喩的説明が採用されることになるのは致し方ないところであろう。

私たち有限者の知的造作が「信」の発現を促す条件となり得るということは、「液体の沸騰」という現象にこれと類似したありようを見ることができるのかもしれない。液体は、一定の温度に達すると、一気に沸騰して気体に変化する。だが、その変化がいつ起こるのかについては、どれだけ注意深く観察してみたところで、実際に沸騰するまでは知りようがないのである。ただ、ひとつ確実に言えることは、外部から熱が加えられない限り、卒然に沸騰して気体に変化するといった現象は起こり得ないということである。

また、知的工夫と「信」の発現との相関・因果関係に近いと思われる事例は、「月を見る」という行為のうちに見て取れるのかもしれない。月は天空にあって、常に私たちを照らしてくれている。けれども、顔を上げて月を見ようとしない人には、その存在はついぞ知られることがない。同様に、私たち有限者は絶対無限の光明に常時照らされているにもかかわらず、自ら無限を望もうとしない人には、宗教上の「信」は永遠に獲得されることはないであろう。

この世のありとあらゆる事物は等しく無限界内の存在であることは疑い得ない。この歴然たる事実は、「飛花落葉」や「青山流水」などの自然現象から人生の艱難辛苦に至るまで、この世で経験されるすべての事象には「悟道の大縁」たり得る資格が具わっていることを私たちに教えてくれているものと思われる。

とは言え、この世に起こるすべての出来事を「大悲回向」の「方便」と受け止めてよいというわけでは決してない。「方便」の「方便」たる所以は、具体的な出来事に触れた経験が自己の霊魂の進化を促す「良縁」であったと頷かれるところにあるからである。主観的事実のうえに成り立つのが宗教だとされてきたのはまさにそうした理由による。

このことが示唆しているのは、要するに私たちがどれだけ努めたところで「方便」に出遇える保証はどこにもないとしても、常日頃から自己の有限性を意識して無限の理想に向き合おうと努めていることで、自身に経験されるどんな些細な出来事も、霊魂の開展を促す力に変えることのできる可能性が高まることだけは確かだということであろう。

第四章　「証《さとり》」とはどういうことか

Ⅰ　「往生」の諸相

（i）「二益法門」の邪義

他力真宗の綱領（119）

浄土教の物語によれば、四十八の誓願を立てて衆生済度の大事業に臨んだ法蔵菩薩の「願行」は、とうの昔に成就しており、いまや阿弥陀と名のる仏となって念仏者が極楽に往生するのを待っているとされる。法然によって著された『選択本願念仏集』は法蔵菩薩の「大行」について概説した書物だが、そのなかから浄土教の要義を「教」、「行」、「信」、「証」の「四法」として抽出し、それらを「他力真宗」の綱領として体系づけたのが、法然門下の親鸞であった。

親鸞によれば、浄土思想の核心をなす「教」は『大無量寿経』（『大経』）に、「行」は「諸仏称名願」とも称される第十七願に説かれる「南無阿弥陀仏」に、「信」は「念仏往生願」とも称される第十八願に示されている「三信一心」に、「証」は「必至滅度願」と称される第十一願に見て取ることができるとされる。

このうち「証」の核心があるとされる第十一願には、次のことが誓われている。

第十一願　たとえ成仏する資格を得たとしても、国中の人間や天人が定聚に住して、必ず究極の証果に至ることができるのでなければ、自分は決して仏にはなるまい（設我得仏国中人天 不住定聚 必至滅度者 不取正覚）。

ここでまず注目されるのは、「定聚に住して（「住定聚」）」という文言の意味である。「住定聚」とは、端的には「滅度」、すなわち無上の「証果」の獲得が確証された存在となること、別言すれば、二度と有限孤立の思念に逆戻りすることなく極楽浄土に住まう身となることを意味している。そのため、同じ経典（『大経』）の別の箇所では「住不退転」と表現されてもいるのだが、要するにひとたび無限の救済を確信するに至った念仏の行者は、以前の迷いの状態に「退化」することがないだけでなく、必ず究極の「証果」にあずかれるとされている点にこそ浄土教の「証」の核心があると見たのが親鸞だったということである。

現当二益[120]

しかしながら、念仏の行者が無上の「証果」にあずかれるのはあくまでも「住定聚」後のこと、「不退転」に住して後のことでなければならないのだとすれば、私たちの知はまたしても思想上の根本矛盾のために行く手を阻まれることになるのではないだろうか。どういうことかと言えば、無限の働きというのは、まずもって本質的に分割不可能な働きでなければならないはずである。しかるに、いったん「定聚に住し」た後に「究極の証果に至る」ことができるのだとすれば、無限の働きによってもたらされる「安心」という宗教上の「利益」は、「不退転」に住して「必至滅度」が確証された時点と、その後、実際に「滅度」に至って無上の「証果」が体現された時点の二段階に分割されて賦与されることになるため、もはや無限の働きとは言えなくなるということである。

そこで改めて注目されるのが、「住不退転」が『大経』のなかでどのような文脈で語られているかという点である。『大経』では「住不退転」という文言は、「即得往生住不退転」と、順序としては「即得往生」に続いて登場していることが確認できる。このことを一つの有力な根拠として、念仏の行者が「定聚」の身となって宗教上の「利益」が獲得されるのは、あくまでも往生して後のこと、いったん今生に別れを告げて浄土に生まれ変わって後のこととして理解される必要があるといった説が唱えられてきたことは事実である。ちなみに、念仏救済の真の「利益」は死後に当来する「来生」に味わわれる「当益」に限られるとする教学上の理解は、浄土真宗では

「一益法門」と呼ばれてきた。

もっとも、そうした理解は「邪義」であると断じざるを得ない。と言うのも、一見、相互に対立しているかのように感じられる有限各個は、それぞれが有機的に関係し合うかたちで無限世界を構成しているとの認知を獲得した有限者が「無限の堂」に上るのは、明らかに「現生」でのことだからである。このことが意味しているのは、ほかでもない。宗教上の一段の「利益」は「来生」を待たずして得られるということ、逆に言えば、浄土教の信仰に伴う「得益」を死後だけに限定するような理解は、宗教上に経験される「信」のありようを正しく反映しているとは言い難いということである。したがって、『大経』を熟読玩味したうえで導かれ得る至当な理解は、「現生」の只中にも宗教上の一段の「得益」はあるというものでなければならないであろう。浄土教の信仰をつうじて「現生」に享受され得るそうした「利益」のことは、浄土真宗では「現益」と言われる。

ここで誤解してほしくないのは「現益」を認可することは「当益」を無下に否定するものではないということである。「現生」の只中にあって信仰の「利益」を私たちが味わい尽すことができるのは、死後には一段の「利益」が待ち受けていることを堅く信じていればこそのことでもあるのである。

以上の道理からすれば、浄土教の信仰によって得られる宗教上の「利益」は「現当二益」にわたるとするのが、穏当な解釈と言えるであろう。

（ii）死後の往生

親鸞の往生観[121]

私たちの通常の論理からすれば、浄土に「往生」するには必ず死を経なければならないということになる。だが、宗教の教説というのは、有限界の言葉を道具として世間の道理に寄り沿いつつも、世間の道理を超えた真実の世界を提示することを目的としているのである。「往生」による救済を説く真宗浄土門の教えは、世の人びとに何を伝えようとしてきたと言うのか。いずれにせよ、無限の因果に基づく救済の事業の真相に有限界の道理で切り込もうとする「宗教哲学」の営みが、一筋縄ではいかない難事業となることは想像に難くないであろう。

親鸞の著作の一つに『唯信鈔文意《ゆいしんしょうもんい》』がある。この書物のなかで親鸞は、「信心をうればすなわち往生す」とか、「臨終待つことなし」などと述べている。「信心」さえ得られれば「臨終」を待たず即座に「往生」できるとする親鸞の主張は、当時の仏教界では大いに物議を醸すものであった。だが、細部に分け入ってその主張によくよく耳を傾ければ、親鸞は「命終」という語を文字通り「命が終わる」という意味とともに、「現生において、従来の自己中心的なものの見方が翻される」という意味でも用いていることがわかる。また、親鸞は『愚禿鈔』という別の書物のなかで「前念命終後念即生」とも述べている。そうした言葉にも、やはり親鸞独自の往生観が示されていると見ることができる。

そもそも、死後に浄土に生まれて「不退転」の身となった後に、必ず「滅度」に至ることができると教えられたところで、はたしてどれほどの人が修養の道に駆り立てられるであろうか。「現生」において無限の理想を想見した霊魂は、すでに有限な身のままに「自利利他円満」の世界の実現を願わずはいられない存在に「転化」しているのである。つまり自他の区別はもちろん、今生と来生の区別さえも意識からは消え失せているために、死を待つまでもなく、無限の心に衝き動かされて「自利他円満」の行業に励まずにはいられなくなるはずなのである。

しかしながら、「滅度」というのは「涅槃」の異訳語でもあって、「煩悩の焔が吹き消された状態」を意味している。この世界に身を置いている間は、誰しも有限な存在であることは否定できない。煩悩の焔が吹き消された存在になることは、私たちが今生にある以上、事実上、不可能であると言うほかない。少なくとも、生きているうちは身体の痛みから解放されることはない。そのため仏教における通説では、人が「滅度」すなわち「涅槃」の極果が獲得ができるのは、身体的な諸事情から解放された死後のことでなければならないと教えられてもきたのである。けれども、死ぬことで種々の煩悩から解放された「滅度」に至ることが宗教上に目指される究極の「証果」なのだとすれば、その場合には不変不動の真理そのものとなることが理想の状態であると理解されなければならないであろう。

そのようなありようでの「証」の実現を是としなかったのが親鸞である。実際親鸞は、自らが目指す究極の「証」は「大涅槃」を実現することにあると主張する。「大涅槃」とは、大いなる働きを伴う「滅度」のことで、「随縁真如」とも表現される。要するに、親鸞が見据えていた宗教上の究極の「証果」は、死後に不変不動の真理そのものとなることではなく「往生」することで自らが「慈智円満の極果」を具備した仏となること、換言すれば、自身が獲得した無限の功徳を諸他の衆生に振り向け、実地に衆生済度の事業にあたることにあったと言えるのである。

とは言え、「臨終」を待たずに「往生」できるとする親鸞の主張に直ちに同意できる人は、それほど多くはないのかもしれない。なぜに親鸞は、そのような常識外れとも受け取られかねない思想を表明するに至ったのか。その思想の背後に、誰しもが受け入れ可能な確たる論理があるのだとすれば、それはいったいどのようなものなのか。

「死後往生」の理[122]

一つ確実に言えることとは、無窮の過去から現在に至るまで有限界を流転してきた霊魂中に蓄積された心的勢力《エネルギー》は、常に私たちの心頭を動かして止まないということである。そのため、宗教の関門を通過したか否かにかかわらず、有限な身とともに「現生」にある間は心外の諸事情からの影響を受ければ、私たちはいつ何時も「善行」を離れ「悪行」に赴くことになるのは、如何せん避け難いのである。かくして私たち有限者は、紛起して止まぬ現在の「悪念」のために、無限の理想とは程遠い迷いの生活を余儀なくされることになる。

そのような有限存在に必然的に伴う「悪情勢（宿業）」を取り除いてくれる「大縁」の一つが

「死」であることは間違いない。「勢力保存」の原則からして、霊魂中に蓄積された心的勢力そのものは消えることがないとしても、身的状態の維持に不可欠な諸要素は、臨終の立所に失われることになる。このことが意味しているのは、身的条件が失われてしまえば、外的境遇からの諸縁を受け止める主体も失われることになるため、もはや「悪念」は起こりようがないということにほかならない。

ところで、究極の「証果」は「大涅槃」の実現にあるといった見方に立てば、「死後の往生」についての詮議は「無用」ものとして退けられてしかるべきなのだろうか。「死後の往生」による救済の実現は、思想上の認定として導かれ得る一つの確説ではある。ただし、この確説をめぐる語りは、「自内証」の語りとは明確に区別される必要がある。「自内証」として表明されるのは、あくまでも霊魂上に経験される主観的心地である。それに対して、「死後の往生」についての語りというのは、誰ひとり死を経験した者はいないため、その語りは主観的心地の表明とは同一視することができないからである。

とは言うものの、有限な自己を「安心修徳」の道へと駆り立ててやまない宗教思想の背景には、自分自身もいつの日か必ず完全独立の存在になれるのだといった、経験に先立つ希望、未来の安心が常に見据えられていなければならない。したがって、未来の希望を表面に押し出すかたちで宗教上の救済が語られる場合には、死後に往生して滅度に至るといった詮議も容認されてよいものと考えられるのである。

(ⅲ)「即得往生」の道理

「平生業成」の理[123]

死に抗い生に随順しようとするのが、有限者の常である。けれども、いたずらに死を憎み生に執着せんとする姿勢は、かえって霊魂に惑乱や迷倒を生じさせ、いつまでも苦しみの娑婆世界を流転し続けるといった結果を招く一大原因ともなるであろう。

自己は生死を並有する存在であると観念して、生にも死にも拘泥しない心地に安住することは、仏教では「解脱」と言われる。仏教では古来、生死を超越した「解脱」の境地に至ることが目指されてきた。そこには、真正の「証」というのは、現生の只中においても実現され得るといった思想を如実に見て取ることができる。

仏教では「平生業成」ということが言われもする。「臨終」を待たず、現生のさなかに「大覚」が実現され得ることをいうのだが、現に浄土真宗では「平生業成」が実現されるのは、念仏の行者の現前に無限の極楽世界が立ち現れるときであると教えられてもきたのである。

ところが念仏の行者のなかには、「平生業成」として実現される「証」というのは「果位」の霊魂に体得される「本覚」には及ばない、いまだ程度の低い「始覚」にすぎないと主張する人たちがいる。「平生業成」において獲得される利益というのは、「因位」の霊魂に享受される極僅かな利益にすぎないと言うのである。

仏教において、有限な霊魂が無限に「転化」していく過程についての説明がなされる際には、「始覚」から「本覚」へというように、有限界内の因果に寄り沿う語りの手法がしばしば採用されてきた。しかしながら、「始覚」であれ「本覚」であれ、純一無限の働きなしに獲得されることのない「覚」であることは確かなのである。だとすれば、霊魂上にもたらされる宗教上の「利益」の間に大小高下の別などあろうはずもない。にもかかわらず、「始覚」に享受される利益と「本覚」に享受される利益との間に程度の差を見ようとするような人は、いまだ有限と無限の関係を領得するには至っていないと言わざるを得ない。

差別門の見地からすれば、「因位」の「始覚」と「果位」の「本覚」は、確かに同じとは言い難い。けれども、平等門の見地からすれば、両者の間に実質的な違いは微塵も認められない。元来、相対の差別門と絶対の平等門とは、不即不離、不一不二の関係にある。ゆえに、有限な霊魂が純一不分割の絶対無限の妙用に感化された時点で「即無限」であることは、疑うべくもないのである。

ここに私たちは、仏教における「解脱」、あるいは「平生業成」における「証」の真相を見ることができる。

安心修徳(124)

「因位」の「始覚」を成立させる絶対無限の妙用のうちに、有限を「住定聚」、「住不退転」の地位に至らしめる「真因」があることに疑いの余地はない。であればこそ、いちどでも無限の「真因」に触れた霊魂は、有限な娑婆世界に身を置きつつも、先の未来に味わわれるであろう「本覚」の歓喜と同等の信心の歓喜を味わい尽すことができるのである。

親鸞は、『一念多念文意』という自著に書き記した「正定聚」という言葉に対して、自ら「往生すべき身と定まる」と註を施している。このことからも、今生において「死後の往生は疑いなし」との確信が芽生えた時点で、「往生」の「大利」は獲得されたも同然であると、親鸞は考えていたことがうかがえる。だからこそ、「大経」にある「即得往生住不退転」という文言は、死後に浄土に往生して後に「住不退転」の利益に浴するという意味ではない。今生において往生したに等しい利益が獲得されることで、煩悩熾盛《ぼんのうしじよう》の身でありながらも絶対の安楽を享受できるといった意味に解釈されてしかるべきだと、親鸞は領解したのである。

「始覚」から「本覚」へといったように、仏教の教えが大抵の場合、有限界の因果の道理に即して説かれてきたのは、機根の異なる衆生のことを慮る仏の大悲の働きが、「不可思議」をあえて「可思議」たらしめんとしたことに理由があるものと考えられる。しかしながら、絶対無限の不可思議な働きが、有限界の因果に即して説かれることで、分かりにくさという一難が回避されることは、別の種類の一難を生じさせる要因となってきたことも否めない。その意味で、有限界内の因果に落とし込まれたかたちで示される宗教上の教説というのは、「不可思議」を払うのに他の「不可思議」をもってする「魔説」であると言えなくもない。

とは言え、真正の宗教に至った人というのは、一心上の主観的事実として二種の異なる命題を二つながらに受け入れているがゆえに、そうした「魔説」のために少しも窮困させられることがない。他力浄土門の教えに即して言えば、真の念仏者にとって「極楽浄土」というのは、他方に実在する仏国土、未来に確かに生まれるべき場所として想見されていると同時に、まさに自己の現前に開示された「黄金世界」としても感受されているのである。そうした感想に裏打ちされていればこそ、真の念仏行者は「安心修徳」の道を歩み続けることができるのである。

Ⅱ 「宗教」と「倫理」の関係

(i) 倫理道徳の根基

「宗教」は消極的か[125]

仏教では、この世界のどこにも「自我」と呼べるような実体など存在しないということが繰り返し説かれてきた。無論その狙いは、単に主観的実体の存在を否定することにあるのではない。真の狙いは客観的実体の存在をも併せて否定し去ることで、有限者の心内に無限の理想を開顕せしめんとするところにあることは明らかである。

ただ、そうした仏教思想の要となる原理が宣揚されるにあたり、「諸法無我」、「諸法皆空」などの否定的言辞が頻用されてきたという事実が、仏教が世事に対して消極的な宗教であるといったイメージを定着させる遠因ともなったことは否めない。しかしながら、「無我」や「空」の原理が省みられることのない社会では、自他隔別の「主我主義」が蔓延って「弱肉強食」、「優勝劣敗」の「生存競争」を激化させることになりかねないことは、容易に想像されるであろう。

真正の宗教には、どこかに必ず世俗的な価値観に収まり切らない超越的眼差しが含まれている。そのため、程度の差こそあれ、どの宗教にも「国家」を忘れ「社会」を忘れた感があるのはむしろ当然のことで、「主我主義」に生きる人の目には「狂者」と映るほどの人物でなければ真の宗教者ではないと言っても、あながち言い過ぎではないのである。

有限と無限の二項を「異格の関係」において捉えるところに成立するのが宗教であるということは、そこには、当然、有限界の諸価値も包摂されているということ、語を換えて言えば、人心に無限の理想を開示してくれる宗教の思想は、私たちが現実世界を生きていくうえで積極的な価値を示してくれるものでなければならないということでもある。

そのような視座で改めて宗教の思想が捉え直されるときには、宗教を国家や社会にとって消極的なものであるとしか見ないような人は、宗教本来の効用というものを根本的に誤解していると言うほかない。

真正の倫理道徳(126)

宗教者が「法」を説くのは、無限の見地から自他を省みる眼を持って現実世界を生きることの大事さを人々に広く宣布せんがためである。実際、これまで多くの宗教者によって説かれた種々の「法」に触れた霊魂には、自も他も、本来、無差別平等な存在であるといった自覚が芽生え、そのことでそれまでの「主我主義」に根差した彼我隔絶の観念が一掃されてきたのである。

自他平等の意識の芽生えが、他者に対する道徳的行為の重要性を認識させる契機となることは想像に難くない。ただ、このとき誤解してはならないのは、彼我隔絶の観念が一掃されたからとて、自他の区別が消失するわけではないということである。

宗教上に見据えられる究極の理想は、「自利利他円満」の実現にある。「自利」と「利他」が円満に両立している世界では、自他の区別が混同されることなく、しかも互いに相親しみ相交わることが可能となる。そうした理想世界の実現を切に願う人にとっては、他者との倫理的規範を常に尋ね、そこに見出される道規の遵守に最大限努めることで、自他に具わる性能を存分に発揮して生きていけるよう心掛けることが何よりも大事であると感得される。

浄土真宗では、宗教と道徳は、「双翼両輪」をなすものであると教えられてきた。「双翼両輪」という表現から、人は宗教と道徳とが「同格の関係」において対立する二項であるかのごとく理解するかもしれない。しかし宗教と道徳は、内容的には、言うまでもなく「異格の関係」において対立する二項として理解されなければならない。このことは、取りも直さず世間で遵守が求められるすべての倫理道徳は、無限の理想のうちに包摂されているということを意味している。別言すれば、世の倫理道徳というのは、宗教心に裏打ちされて、はじめて真正の倫理道徳たり得るということである。

もっとも、真正の道徳の根基に宗教の眼が不可欠だということは、裏を返せば、いつ何時も宗教心のために破壊されたり否定されたりしてもおかしくないのが既存の倫理道徳だということでもある。宗教が世人に危険視されてきたのは、故なきことではない。けれども、世俗の倫理道徳を破壊し否定する力があるからと言って宗教不要論を主張するような輩は、中毒を起こすからとの理由で薬剤を罪するに等しい過ちを犯していると言わざるを得ない。

(ⅱ) 真俗二諦の相依

倫理道徳の教え(127)

ところで、一切の世事は宗教のうちに包摂されるというのであれば、宗教上の信心が獲得されさえすれば、あらゆる利益はそこからおのずと帰結されると考えて構わないということになるのだろうか。もしそうだとすれば、宗教家は「真諦」すなわち宗教上の真理の宣布だけに専注すればよく、「俗諦」すなわち人倫道徳上に正しいとされる事柄について、とやかく口出しする必要などないということになるに相違ない。ところが浄土真宗では、「真諦」の教えと並んで、「俗諦」を遵守して生きていくことの大事さが、繰り返し教えられてもきたのである。

「俗諦」の教えが、「真諦」の教えから流れ出るものであることは確かであろう。ただ、「俗諦」の教えに関して言えば、特に意識しなくてもおのずと実践される性格のものと、有意作用によるのでなければ実践されることのない性格のものの二種類が想定され得る。私たちの霊魂には、他人から教え込まれるまでもなく、悪を廃し善を修めたいといった欲望が天然自然に具わっている。それにもかかわらず、人間社会には倫理道徳の教えが数多く存在してきたし、倫理道徳を遵守して生きることが現に強く求められてもきたのである。

思うに、倫理道徳の遵守が強く求められてきたのは霊魂の意的作用を刺激しようとする狙いがあったからではなかろうか。換言すれば、人びとの心を駆り立て「廃悪修善」の行動に向かわせようとする意図が、そこにはあったからではないだろうか。そのため、世の倫理道徳の教えに触れた人は、できるとできないとにかかわらず、ともかくも修行、修行の一点張りで、一歩ずつでも教えを実践しなければとの思いに衝き動かされることになるのであろう。

だが、どれほど優れた人間であろうとも、世間の倫理道徳が教えるとおり十全に「廃悪修善」を実践することは、到底不可能なのである。倫理や道徳を厳守しなければならないということと、それらをよく実践し得るということとは、そもそも次元の異なる話であろう。ゆえに、世俗の倫理道徳に真面目に向き合おうとする人が、その実践の困難さを痛感させられることになるのは、必然の道理と言うほかない。

真宗俗諦の教え(128)

同じことは、「真宗俗諦」の教えについても言える。ただ、「真宗俗諦」の教えというのは、あくまでも宗教上に説かれる教えである。したがって、そこには世俗の倫理道徳の教えにはない、宗教上の教説ならではの心的効果が期待されていると理解する必要があるものと考えられる。

世俗の倫理道徳の場合には、教えられたことを各自が従うべき義務と受け止めたうえで、その履行に努める以外に進歩の道はないとされる。そのため、その実践の困難なこと、自己の能力の及ばなさを思い知らされた霊魂には、自らが「道徳界の堕落漢」である、「人道の罪人」であると感じられて、悲痛な思いに苛まれずにはいられない。

それとは対照的に「真宗俗諦」の教えの場合には、それが宗教上の教えとして説かれたものである以上、教えに触れた人間が俗諦を立派に実践できるかどうかには、主眼は置かれていないはずである。にもかかわらず、浄土真宗では、「俗諦」を遵守することの大事さが、繰り返し説かれてもきたのである。なぜ浄土真宗では、俗諦を遵守すべきことがかくも執拗に信者に求められてきたのだろうか。

それは、「真宗俗諦」の教えに触れた霊魂の有意作用を刺激して、「廃悪修善」の行動に人を駆り立てることで、その実行がいかに困難であるかを思い知らせることに主たる目的が置かれているからに相違ない。つまり、自己の有限性を痛感させることをつうじて、無限の理想を開顕せしめんとするところに、その真の狙いがあると考えられるのである。

このように、「真宗俗諦」の教えに真面目に従おうとする人は、否応なく自己の有限性を思い知らされることになる。だが、人はそうした経験なくしては「真諦」の信心からもたらされる安心の有難味を真に実感することができない。そのため、宗教上の信心の有難みを実感しつつも、なおも「俗諦」の教えに従って生きようとする人は、世俗の倫理道徳を十全に実行できない自己の現実に、少しも動揺を覚えることがない。むしろ、世の倫理道徳を満足に実行できない自力の「無功」を痛感させられるたびに、「真諦」の信心の有難味がありありと感じられ、この有限な娑婆世界を虚心平気に生きていけるようになるのである。

無論このことは、世間一般の倫理道徳など不要であるということを意味しない。宗教と道徳の関係は「双翼両輪」をなすものであることが十分に認識されていさえすれば、宗教家は宗教的見地から教えを説けばよく、道徳家は道徳的見地から教えを説けばよいだけの話である。宗教家が宗教家として教えを説き、道徳家が道徳家として教えを説くことで、両者の説が衝突し合うのではないかと思うのは、まったくの杞憂にすぎない。

(iii) 公共主義

「公共」の範囲(129)

宗教においては、「自利」、「利他」、「共利」の円満成就が目指される。このことは、「自己保存」の欲求と「同類保存」の欲求の両立が目指されるところに宗教は成立するということにほかならない。ところが当代の識者のなかには、宗教は「公共主義」に反していると主張して、宗教に変わる「国家的道徳」の確立こそが急務であると声高に叫ぶ人たちがいる。そのような主張がなされるのは、ひとえに「公共」の概念をめぐる省察が十分でないことに原因がある。

自他相互の福利の実現が希求されるところに「公共」の概念が成り立つことは、改めて指摘するまでもない。だが、一口に「公共」と言っても、そこには「家族」から「仲間」、「国家」に至るまで、大小様々な階級が認められる。つまり「公共」の範囲が異なれば約束も異なるというのが実情でもあるのである。実際、現実社会において「公共」の約束どうしが衝突し合うというのは、めずらしいことではない。なかでもたびたび激しく衝突してきたのが、「国家」の約束と「宗教」の約束であろう。

国家の運営を任とする政治家が思い描くところの「公共の福祉」と無限の理想に向き合う宗教家が思い描くところの「公共の福祉」との間には、「範囲」という点で少なからず違いが認められる。政治上に「公共の福祉」の対象となるのは、基本的に、現在存命している国家社会の構成員に限られる。政治家の労力が、もっぱら国家社会の構成員の外形上の苦痛を取り除き、人びとに歓楽を与えようとする事業に注がれることになるのはそのためである。

現在一世の事柄に対して取り組まれる政治上の諸事業が、社会にとって不可欠なことは言うまでもない。だが、そこに「公共」の真意が尽されているかと言えば、決してそうではない。現在一世の国家社会の構成員に関与してその生存を支えてくれている他者には、同じ時空間を共有する他者だけでなく、過去に存在した、あるいは先の未来に存在するであろう無数の他者も含まれているると見なければならないからである。

真正の公共心(130)

一方、宗教上に想定される「公共の福祉」の諸事業においては、未来万世にわたる「行」が問題となる。そのため、想定され得る「公共」の範囲としては最大のものと言える。また、すべての時空間がその範囲内に包摂されているという意味では、「世界主義」の視点に立つものと見ることも可能であろう。

宗教心をもって人事に向き合おうとする人の眼には、有機的に絡み合う世界全体の福祉の事業に自分自身がいかに貢献できるかといった課題が常に見据えられている。そして実際、そのような課題を主体的に引き受けて生きている人にとっては、人生の過程で自己が向き合うことになる大小様々な「公共」は、たとえば家族に向き合うときにはその家族が「絶対無限の家族」となり、国家に向き合うときにはその国家が「絶対無限の国家」となるといったように、そのどれもが「主公」たるべき絶対の範囲として感受されるようになる。

このように、自己が向き合う「公共」の一々を、その都度「小宇宙」と感じつつ有限界内の生活を送る人は、「公共」以外に「我」を別認することがないので、「公共」の範囲が互いに衝突し合うということもない。真正の「公共心」、「公共心」のあるべき姿を、私たちはそうした心地に見ることができるであろう。

だからと言って、真正の「公共心」を発揮して生きる人は、どんな約束にも唯々諾々と従うわけではない。自身が対峙する「小宇宙」がそのまま「大宇宙」であるといった思念が「空想」から生み出されたものであることは確かである。けれどもそうした「空想」にこそ、有限者にとっての、最深、最強にして最高の思念の働きがあることもまた確かなのである。

「家族」であれ「国家」であれ、有限薄弱な人知によって作り出された「公共の範囲」であることに変わりはない。したがって、そこでの種々の約束は、宗教上に働く無限の思念のために、いつ何時、反故にされないとも限らないのである。真の「公共心」のうちに働く有限者の思念が、無限他力に支えられていることは論を俟たない。真正の「公共心」の持ち主がどんな約束にも唯々諾々と従うわけではないと述べたのは、その背後に無限の道理が常に働いているからにほかならない。

もっとも、倫理道徳上の様々な約束が、宗教上の思念の働きのために破壊されることがあるとしても、それは宗教があえて意図して破壊しようとしたからではない。もともと不完全で脆弱だった有限界の約束が、無限の眼光に照らされたことによって、おのずから崩壊したまでのことなのである。

ともあれ、このように有限界の事物の欠乏を不断に補填してくれるところに、「空想」の所産である「公共心」の真の実用が認められることは間違いない。

Ⅲ　倫理以上の根拠

（ⅰ）死活問題

生死巌頭の想念[131]

宗教において重要なのは「理論」ではなく「実際」である。この点について十分認識していない人のなかには、宗教の真価は哲学上の解釈によって問われるべきだと考えている人も少なくないようである。ところが、宗教は「実際」であるとの認識が徐々に世の中に浸透してくるようになると、こんどは打って変わって道徳と宗教は「不二」だとして、現世的、倫理的、積極的、活動的でないような宗教は、無用であるばかりか有害ですらあると言い出す人まで出て来る始末である。

単刀直入に言えば、道徳と宗教を「不二」のものとするかのごとき見解は、宗教に対する根本的な無理解から生じる誤謬の終極と言ってよい。真正の宗教というのは、悪人だから信心は得られないとか、信心を得たから善人であるなどといった発想とは無縁なものであって、信の対象となる「無限」は、どこまでも日常の善悪観念を超絶したものでなければならないのである。その意味で、宗教の所説は「超倫理説」であると言って過言ではない。

いかなる人事も、死によって終止符の打たれないものはない。死は、人界における最大事件であると同時に、自己保存の欲求に対する最大撞着でもある。世人の多くが生と死を峻別して、いたずらに死を嫌い、生を貪ろうとするのは故なきことではない。ただ有限各個の自己保存の欲求は、自己と有機的につながり合っている無数の他者の犠牲があって、はじめて満たされ得る性格のものでもある。このことは翻せば、一個人の死は、無数の同類他者の自己保存のためには不可欠だということでもある。だとするなら、私たちはどこかで自己の死を快く受け入れる覚悟をもって生きなければならないということになる。

社会上の利益という観点でしか宗教の存在意義を見ないような人に欠如しているのは、畢竟、死に対する観索である。生死の道理をしっかりと見極め、生死巌頭の想念に至ることのできた霊魂は、もはや人界のいかなる事件にも苦しめられることがないのである。

宗教上の社会主義(132)

競争相奪や奢侈贅沢など、様々な国家上・社会上の問題が引き起こされる背景に、死に対する観索の不足があることは否めない。国家や社会に課された第一の役割は、まずもって人界における最大事件である死活問題の解決を図り、人びとの生活を完全ならしめんとすることにある。にもかかわらず国家や社会が生死の境界を弁えず、死すべき者をも強いて生かさんとするときには、かえって人界に多くの苦悶や闘争の種を蒔くことになるであろう。

ともすれば、私たちは国家も社会も有限な存在であるということを忘れがちである。縁が尽きれば滅びるというのは、有限界における不変の道理である。国家社会の構成員たる各々の人間がこの道理にいたずらに抗うことなく、国家も社会も滅びるときには滅びるのだといった、倫理を超絶した覚悟を胸に生きるとき、はじめて世界全体を利することにつながると考えられるのである。

死生をめぐる観索が不十分な国家や社会では、多くの人びとが「生存競争」に明け暮れる。一方、死生をめぐる観索が十分になされている国家や社会では、世界全体の利益を増大させるべく「収益の競争」が目指されることになる。そのように、国家社会を構成する個々人が「生死巌頭」の覚悟をもって互いに切磋琢磨して生きることで世界全体の収益の増大が目指されるありようは、一種の「社会主義」と見なすことができる。

無論、そこに実現される「社会主義」は、「虚無共産党」に結びつくような政治上の「社会主義」とは似て非なるものである。政治上の「社会主義」を鼓吹する人びとは、個人の自由や平等を求める一方で、天を怨み富豪を咎め、国家の権力までも否定しようとする。彼らに欠けているのは、「個人主義」と「国家主義」とを調和させて、そこにいささかも衝突を認めない宗教の眼であることは言うまでもない。

死の観索をつうじて獲得された宗教心のうえに成り立つ「社会主義」では、国家や社会は断じて不要なものとは見なされない。そこにおいて日夜取り組まれる諸事業は、国家や社会を一の

「公共の範囲」として実践される「自利利他」の事業として位置づけられることになるからである。

（ⅱ）無限の生活

「願」と「行」の関係[133]

心中に苦楽の情が発起するのは、外界からの刺激と自己の現実とが適合状態にあるか、不適合状態にあるかによるものと考えられる。いずれにせよ、霊魂に感受される「離苦得楽」の欲求に、人を道徳的行為に駆り立てる原動力があることは間違いない。しかしながら苦楽の情という観点に着目しただけでは道徳的行為を促す心的要因の説明としては、いまだ不十分である。

たとえば、最大多数者の最大幸福の実現が目指される「功利説」においては、霊魂上に感受される苦楽の情には、心的発動を促す要因があるといった説明がなされる。けれども、そのような説明では、何のために、またいかにして道徳的行為が成立するのかについて明らかにされているとは言い難い。そこで改めて人の道徳的行為を促す心的要因について思考をめぐらせば、そこには少なくとも行為の「目的」、および行為の「手段」という二種の素因が、明確に見定められている必要があることがわかる。「目的」も「手段」もはっきりしない行為が、道徳的行為として成立するはずもないからである。

仏教では、有限者の心的発動を促して修養の道を歩ませることを可能ならしめる「目的」と

「手段」の二素因は、「願」と「行」、あるいは「目」と「足」に相当する二素因として語られてきた。要するに、有限者が発する「願」がどれだけ尊いものであるにせよ、「願」を実現させる「手段」としての「行」が伴っていなければ、「目」だけあって「足」がないようなものであり、逆にどれだけ熱心に「行」に打ち込もうが、「目的」としての「願」がなければ、「足」だけあって「目」がないようなものだと教えられてきたのである。

このように、「目的」と「手段」が明確でないうちは、苦楽の情がどれだけ刺激されようとも、秩然たる宗教上の修養の歩みは望むべくもないであろう。

苦痛の道徳、歓喜の道徳(134)

宗教上に実践される「善行」と同じく、世間一般の倫理道徳が実践されるに際しても、「目的」と「手段」がしかと見定められていることは必須の要件となる。しかしながら、世間一般の倫理道徳の場合には「無限的眼光」を欠いたままに、それらが漠然と実践されるということもないではない。そのためややもすれば、人は目前の結果の快楽だけを追求し、行為の善悪に関しては、その行為が苦をもたらしたか、それとも楽をもたらしたかといった「結果の苦楽」でしか判断されないといったことにもなりかねない。

財貨を頼めば財貨のために苦しめられ、我が身や他人を頼めば我が身や他人のために苦しめられるというのが、この世の道理である。実生活において、人はしばしばこの種の苦しみを味わわされてきた。それはひとえに、不完全で動揺しやすい有限な事物をつうじて快楽を感受しているからである。有限な事物をつうじて得られる快楽は、早晩、雲散霧消してしまうだけでない。一時的にでも快楽を味わったがために、その快楽が失われることで、かえって苦痛が増す結果にもなるのである。

このように「無限的眼光」を欠いたまま倫理道徳に向き合おうとする姿勢のために味わう必要のない苦痛が増すことになるのだとすれば、それは「苦痛の道徳」であって「歓喜の道徳」とは言えない。私たちが「苦痛の道徳」を「歓喜の道徳」に転じて生きていくためにも、どんな外的境遇の変化にも動じることのない、絶対無限を根基とした宗教的心地を是非とも確立する必要がある。

もっとも、真正の宗教心が獲得されさえすれば、心理的苦痛とは無縁の生活が保証されるというわけではない。個々の霊魂に染みついた、抑えようとしても抑え切れない「煩悩」は真正の宗教心を獲得した後もなお有限者の心を刺激してやむことがない。

とは言うものの、真正の宗教心とともに自己の生に向き合える人は、自己の霊魂に感受されるどんな苦悩も、無限の眼に立ち返ることで即座にかき消すことができるだけでなく、自身に降りかかるどんな出来事も「善巧方便」の働きと受け止め、不死不滅の「無限の生活」の愉悦を味わうことができるのである。

（iii）義務と責任

霊魂中に発動するどんな意念も、外境と無関係に生起することはない。だとすれば、私たちが抱く意念には「自由」の要素など入り込む余地はなく、すべては因果の必然によると観念するほかないということになるのだろうか。

全責任主義[135]

有限者の心内に発起する意念をはじめ、この世のすべての事象は、例外なく因果の必然に支配されているという見方が一面の真実であることに疑いはない。けれども、各人の霊魂に自由意志の働く余地など微塵もないというのであれば、倫理や道徳のことを論じたり考えたりすること自体、まったく無意味な営みということになるであろう。そうであるなら、誰も行為に対する「責任」を問うことはできないし、「責任」を問えない以上、「義務」の観念も成り立たなくなって、倫理道徳そのものが破滅に帰することになるに違いない。

倫理道徳の背後に自由意志の働く余地を認めることから導かれてくるのが、「責任分割主義」である。「責任分割主義」の発想に立って倫理道徳を捉えようとする人の目には、自己も自己を取り巻く無数の事物も個々に隔別した存在と映る。そのため、個々の有限に「責任」の所在を見ると同時に、種々の事柄に対して不平や不満を感じやすくもなる。このことが社会に多くの紛擾を出来《しゅつたい》させる要因となることは容易に想像されよう。

かたや、天地万物を一体と見る眼を持ち合わせている人は、「責任不分割主義」の見地からあらゆる物事を捉えようとする。「責任不分割主義」に立つ人には、天地万物に対して「全責任」を負っているといった自覚があるために、何事にも責任を感じて、現実世界の様々な善悪の事業に自ら進んで関わろうとする。そのような「主義」に立って生きる人のうちに、無限的眼光に裏打ちされた宗教心があることは言うまでもない。

無責任主義(136)

だが、何事にも責任を感じて善悪の事業に真面目に取り組もうとする人は、苦悶の生活を免れ難い。善悪の事業に真面目に励めば励むほど、その事業の実行がいかに困難であるかを痛感させらされるのは、火を見るより明らかだからである。

至誠の心をもって善悪の事業に努めれば努めただけ、霊魂の転化が促進されることは間違いない。けれども、その進化の行き着く先は、文字通り無限の彼方に見据えられているのである。そのため、進化した自己の現在地と目指すべき最終到達点との間の懸隔は、どれだけ努力を重ねてもいっこうに縮まったようには感じられないばかりか、むしろ大きくなったようにすら感じられてしまう。そのとき人は、天地万物に全責任を負っていながらも、その責任を全うできない自己の有限性、自らの暗愚を改めて痛感させられることになる。自己の暗愚を痛感させられた人のなかには、「自力無功」の思いに打ちひしがれて、いつまでも苦悶から抜け出せない人もいるかもしれない。そのような状態に陥ってしまうのは、その人が絶対無限者の仕事を盗んでいることに理由がある。宇宙間の一切の出来事に対して全責任を負うことができるのは、絶対無限者たる神仏だけである。自分には、何ら負うべき責任などない、一切の責任は神仏が負ってくれているといった「無責任の心状」に心面が覆われるとき、人ははじめて「全責任主義」の苦悶から解放されることになるのである。

ただ、「全責任主義」の心状が「無責任主義」の心状に反転するとは言っても、私たちの霊魂はいつまでも「無責任主義」の心状に安住し続けられるわけではない。「全責任主義」と「無責任主義」という二種の相異なる心状は、表裏一体のものであって、これら二つの「主義」は、単に有限の視点から世界を眺めるか、無限の視点から世界を眺めるかの違いに基づくものにすぎない。

したがって、これらの二種の異なる心状が一つの事実として霊魂に受用されるときには、どこからどこまでが自我の領分で、どこからどこまでが無限の領分であるかなどといったことは、つゆも心に浮かぶことがない。別言すれば、宗教的信念が確立して「全責任」の心状と「無責任」の心状とが一霊魂中に作動するときには、すべての出来事が自業自得の責任として感受されることになるため、事の成り行きに進んで服従しながらも外来の圧抑制肘を少しも感じることなく、自由の天地に逍遥自適するといった生き方が現実のものとなるのである。

Ⅳ　自由行動の喜楽

（ⅰ）分限内の自由

「精神主義」の活動[137]

経験の事実に基づいて提示されるのが、理科学上の事項である。ゆえに理科学上に下される審判は「常識」に範った判断と言うことができる。対して、宗教上の事項というのは経験の事実に基づかないため、宗教上に下される審判は「常識」に範っているとは言えないと、声高に主張する人がいる。そうした主張に、はたして理はあるのだろうか。

宗教上の所説にしても、一心内に経験された事実の表明にほかならない。だとすれば、一心内の経験に基づいて下される種々の審判にしても、当の本人にとっては決して「常識」に反するものではないに違いない。

有限界内に身を置きつつも、現在の境遇に安住して自由自在の活動を可能にしてくれるところに、宗教によってもたらされる最大の利益がある。換言すれば、実生活上の様々な場面で突き当たる諸課題に、その都度自分なりの審判を下して生きていけるようになるところに、宗教ならではの効用が指摘できるということである。そのとき、自己の身をいかに処すべきかについての審判の最後の拠り所となるのは、やはり自己の経験に基づく「常識」であろう。私たちが「処世の方軌」を最終的に裁定するにあたっては、理科学上の常識というのはほとんど何の役にも立たないと言ってもあながち誇張であるとは思われない。

このように、宗教心を根基として展開される諸般の心的活動は、もっぱら主観的精神の働きに依拠している。その意味で、「処世の方軌」というのは、「主観主義」あるいは「精神主義」に基づいて決定されるとも言える。

誤解なきよう付言しておけば、ここで言うところの「精神主義」とは、世間で言われる「精神一到何事か成らざらん」といった心的態度のことではない。その種の心的態度の成立には、必ずしも無限への信憑を要しないという点で「精神主義」とは明確に区別される必要がある。

たびたび指摘してきたように、万有の活動には必ず「発動」と「受動」の二つの側面がある。にもかかわらず、私たちはつい「発動」の面だけに自由を見て「受動」の面には服従の不自由を感じてしまう。「発動」面だけに感受される自由というのは、真の自由とは言えない。私たちが真に自由を享受して自由自在の活動をなさんと欲すれば、「発動」と「受動」はどちらも全団体の活動の一部であることを念頭に置いたうえで、服従すべきときには進んで服従するといった主観的精神の維持に努めることが何より大事となる。

安住主義(138)

しかしながら、自ら進んで何かに服従するといった受動的な活動すらも「精神主義」の自由の活動なのだと教えられた人のなかには、優柔沈滞に陥ってしまうのではないかといった懸念を抱く人もいるのではないだろうか。

徹底して有限性の自覚に立つ人は、自己の所見によって他人を降伏させせられるとは、露ほども考えない。また、よしんば自己の論説や動作に多少の自由が感じられることがあるとしても、それはあくまでも無限他力から賦与された「分限内の自由」であると有限性の自覚に立つ人は受け止める。私たちが自己の「不如意」に呻吟するのは、「分限」を超えた自由を求めてしまうことに原因がある。自己の「分限」外には、ただただ絶対無限の「妙巧」あるのみだということを信じられる人だけが、自己の内外の事柄に不満の念を抱くことなく生きていくことができるのである。

こうした「分限」の自覚が一種の「アキラメ主義」に由来することは間違いない。けれども、その「アキラメ」はあくまでも過去の自己に賦与された能力に対する「アキラメ」であって、未来の希望に対する「アキラメ」では、断じてない。既往の事柄は、どうあがいても変えることができない。過ぎ去ったことに心を煩わせ、自己を責めてみたところで、どうにもならない。「精神主義」に生きる人は、既往の事柄については「アキラメ主義」に立ちつつも、その心底には自己と無限は別異でないとの信念が確固として保持されている。であればこそ未来の事柄については、自己に開かれた無限の可能性を固く信じて、むしろ積極的に「奮励主義」に身を投じようとするのである。

このように過去の事柄に対する「アキラメ主義」と未来に向けての「奮励主義」という、一見、相矛盾する二つの心的態度が現在の一念に受用されるところに生まれるのが「安住主義」である。「安住主義」が私たちの霊魂上に発動するときには、服従すべきことには進んで服従するとともに、抵抗すべきことには抵抗するといった精神の「自由」がおのずと発揮され、優柔沈滞に陥るどころか、現生において「活潑々地」の行動に勇進できるようになるのである。

(ⅱ) 教育の方法

共同公共の精神の発揚(139)

無数の有限が有機的に絡み合うこの世界で一の有限が起こすどんな些細な活動も、自他の開展を促す「助縁」となって、直接的であれ間接的であれ、社会全体の霊化の事業に影響を与えないということはあり得ない。どんな活動にも至重の価値があると心して、位置相応の行事に向き合って生きなければならない所以である。

私たちがなす日々活動のなかでも、とりわけ社会全体の霊化の事業に大きな影響を及ぼすのは思想の表明であろう。人の思弁は有限である。したがってどれだけ緻密に事理の討究がなされたところで、私たちの思弁が「麁造《そぞう》」を免れないのはもちろんのこと、表発された思想が自他の霊魂に退化をもたらす「悪縁」となるということも、十二分にあり得べきことなのである。だからと言って、「自受用法楽」の心地に浸り切り、黙して語らないというのは真性の宗教に至った人の取るべき態度ではない。自己をはじめすべての有限が無限の境涯に到達し終わるその日まで、全体の霊化の事業に尽さずにいられないところに、宗教心の自然の発露があるはずだからである。

宗教心の自然の発露として展開される霊魂の活動は、自己の一々の振る舞いがいかに共同公共の精神の発揚に寄与するかといった意識を伴うしかたでなされることになる。その際、大事なのは、有限界の論理に従って事理の討究に努める姿勢を失わず持ち続けるということである。有限界内に身を置く者が霊化の事業を成し遂げたいと願うなら、自他ともに相通じる事理を明らかにしていく以外に道はないからである。

中国浄土教の大成者である善導の『往生礼讃』に「自信教人信」という言葉が見える。「自信」とは、有限各個が内観や反省をつうじて、まずは自らを説得し得るに足るだけの論理を見出す「内証」の営みのことを、「教人信」とは、「内証」として見出された論理を他者に表明することで、公共世界の創造に参与する営みのことを意味している。ちなみに、善導の「自信教人信」という言葉に宗教上の深い意味を見た親鸞は自著『教行信証（信巻）』のなかでこれを「自ら信じ、人を教えて信ぜしむ」と読み下している。

だが、そのようなかたちで思想が表明されるというのは、個人的見解を他者に押しつけて信じ込ませるような、いささか強引な手法に感じられるという人も、少なからずいることであろう。しかしながら、いったん世界に向けて発せられた思想の言葉は、他者からの批判に晒され続けることになる。その場合、開陳された「内証」を、他者も同じく「真理」であると受け止めるかどうかは、ひとえにその思想の言葉に触れた他の霊魂が自らの「内証」に照らして事実であると頷けるかどうかにかかっていると考えられるのである。

このように、思想として表明された主観的事実が不特定多数の他者の「内証」と照らし合わされた結果、そこに多くの共鳴が得られることではじめて「真理」となるということは、いったい何を意味するのか。それはすなわち、その「真理」が、単に個人的・独断的な妄念妄想に基づくものではないことの、一つの証左となり得るということであろう。

開発的教育(140)

親鸞が重視した「自信教人信」の姿勢は、ギリシアの哲人ソクラテスが実践した「開発的教育」の姿勢に通じるところがある。ところが日本の仏教界では、師が弟子に文字言句を盲誦暗記させるなど、ひたすら外から知識を注入するといった教育の方法が採用されてきたというのが現実なのである。

学問研究の成果として獲得される様々な知識が、宗教上の「信知」を発動させる拠り所となることは確かである。そのせいか、宗教教育の現場では知識の注入が最も急務であるとされ、「信知」の発動については後回しにされるといった傾向が生じがちである。だが、それでは無限美妙の精神的霊活を営める人物を養成するという、宗教教育本来の目的が達成されることは、到底、期待できない。霊魂の開発を伴わない「死学問」から生み出されるのは、得々然として知識を振り回す、いわゆる「活字引」だけであると言っても過言ではないのである。

そこに決定的に欠落しているのは、師も弟子も本来「無一物」の存在なのだといった自覚であり、態度である。自己の学問研究にも他者の教育にも、「無一物」の態度で臨める人は、自他が表発する思想というのは、各人の精神的自由の働きに基づいて提示される「愚説」でしかないことを重々承知している。であればこそ、道理に従ってなされる「問難往復」をつうじて不断に自他の思想を叩尽し、互いの「愚説」を補完し合うことで遺憾なき合意に至ろうと努めるのである。そうした姿勢が、結果的に自他の霊魂の開発・転化を促すことにつながることは言うまでもない。

ところで、私たちが自他の学問や教育に「無一物」の態度で臨むにあたって、一つ留意すべき点がある。それは、そこで採用される学問・教育の素材は、日常卑近の事物に求めることが望ましいということである。

学問・教育のような社会全体の霊化の事業の一環として取り組まれる営みにおいて配慮されなければならないのは、参加の道が多くの人に開かれているかどうかということであろう。「真理」というのは、不動不易のものである以上、どんな浅近な事物にも、「真理」の本源的価値は見出せるはずである。にもかかわらず、事理の究明には、日常卑近を離れた抽象的な事柄を扱わなければならないと思い込んでいる世の学者も案外少なくないのである。

自らの足元を見ることを知らない人は、宗教を知らない人と言うほかない。現実世界に見出される素材のすべては、無限の本体が顕現したものにほかならない。「有機的組織」、あるいは「主伴互具」といった観点に立ってこの世界の万物万象を眺めれば、どんなに卑近で卑小な事物にも高遠な事理が含まれていることがわかるに違いない。そうである以上、私たちは「開発的教育」の妙施設となり得る素材を、世界の随所に見ることができるはずなのである。

(iii) 信後の風光

虚心平気の工夫[141]

「人事を尽して天命を待つ」という言葉がある。中国・南宋時代の儒学者の胡寅(一〇九八~一一五六)の『読史管見』にある処世訓である。そのような生き方を可能ならしめる思想の根底に宗教の眼が不可欠であることについては、もはや多言を要すまでもない。しかしながら「人事」というのは、自力を表面として取り組まれる行為のことを意味している。ゆえに、この処世訓は自力門の宗教の教相に合致しているとは言えても、他力門の宗教の教相には必ずしも合致していないようにも思えてしまう。

他力門の宗教では、「人事」をはじめ世界の万物万化は「他力回向」の賜物以外の何物でもないと感受される。「行」の軽さに比べて「安心」が重くなるのはそのためである。けれども、他力門の行者が、自己一身の所業を無限の妙用に委ねて日々の業務に専就できるのは、そうした「大安心」に裏打ちされていればこそのことでもある。したがって、「人事を尽して天命を待つ」

という処世訓を、他力門の宗教の教相と親和性の高いものに近づけるには、「天命に安んじて人事を尽す」としたほうが、よほど確かであるように思われる。

だが、ここでもまた私たちの知は、次のような疑問を前に、しばし躓きを覚えることになるのかもしれない。「人事を尽して天命を待つ」というのは、論理として受け入れられるとしても、「天命に安んじて人事を尽す」についてはすんなりとは受け入れ難い。なぜに「天命に安んじ」ることが「人事を尽す」ことに結びつくのか。そこにはいったい、どのような内的必然性が指摘できるのかといった疑問である。

「天命に安んじて人事を尽す」というのは、無限の覚知に基づく「大安心」のうえに「自由行動の喜楽」が享受されるということであって、人事に関与しないということでは決してない。たとえば、大地震に遭遇したとしよう。そのとき私たちは、屋内に止まるべきか、屋外に走り出るべきかの具体的判断を迫られる。もちろん、判断の成否は生死の結果だけでは決められないとしても、有限者の「分限」内では、屋内に止まるべきか走り出るべきかについて究極的な判断を下すことは不可能であることだけは確かであろう。してみれば、危急の事態に際しては、私たちはいたずらに煩悶したり狂乱したりせず、極力「虚心平気」の工夫に努めて「他力回向」の指令が来るのを待って、身の振り方を決める以外にないということになる。そして、ひとたび無限の指令が自己のうえにもたらされたならば、その指令に従いまっしぐらに行動するだけのことであろう。

もっとも、どれだけ「虚心平気」の工夫に努めたところで、無限の側から何の指令も来ない、あるいは無限からの指令が判然としないこともあるに違いない。しかしその場合にも、自身が「猶予不定」の状態に置かれていること自体、無限他力の妙巧であると考えて、ますます「虚心平気」の工夫に努め、絶対無限からの指令を待つよりほかないのである。

落在者(142)

種々の危急の事態にも、いたずらに煩悶したり狂乱したりすることなく、「虚心平気」の工夫に努められる生き方は、自己を絶対無限の「妙用」に「乗托」することで現前の相対有限の境遇に「落在」して生きる生き方と言い換えることが可能であろう。

自力門と他力門とを問わず、絶対無限の不可思議力に身を委ねることで神仏との境界の取り払われた境地に生きている人にとっては、「真理」は客観上にも主観上にも、決して欠乏することがない。だからこそ、自らが置かれた境遇に万徳円満の充足を感じるとともに、自己の霊魂に染みついた「煩悩」という宿業の重さからも解き放たれて、「自由行動の喜楽」を味わい尽すことができるのである。

無論、そこに享受されるのは、どこまでも分限内の自由ではある。とは言え、その自由は、「無限の因果」、「他力回向」の働きによって賦与された自由以外の何ものでもないのである。だとすれば、自己に分限があることに、私たちは何ら不満や不足を感じる必要はない。各自が現在の自己に賦与された自由を適宜、発揮して生きていけばよいだけの話である。要するに、「精神主義」とは、各々が精神の足場を絶対無限に置くことで人生の諸課題に向き合いつつ、漸次、自己の分限を拡大して生きていくことを可能にしてくれる思想にほかならないのである。

しかしながら、宗教の行者がよく正念を保って「自由行動の喜楽」を味わえるのは、心念の表層が無限摂取の「浄面」に覆われている間のことにすぎない。いちどでも無限を覚知した霊魂には、不壊の信心が確立されてはいる。しかしながら、無窮の過去から現在に至るまで連綿と引き継がれてきた霊魂の習性、すなわち煩悩の「余習」のために、私たちはことあるごとに正念の発動が妨げられることにもなる。そのため、心中に邪念や妄想が紛起するときには、「外道悪魔」にも似た姿を示すことすらあるのである。

真正の宗教の行者に経験されるそうした「信後の風光」は、「有漏の穢身はかわらねどこころは浄土に遊ぶなり」と詠まれた親鸞の和讃にも如実に見ることができるであろう。真正の信心を獲得した霊魂が、絶対無限の不可思議な働きに自らを「乗托」することで、煩悩熾盛《しじょう》の有漏の身のままに、「任運に法爾に」生きていけるようになるには、「両重の存在」である自己の「根蔕《こんたい》」を自覚して、常に心身を安静ならしめ、深く小心戒懼に努める工夫が何より大事なのである。

補論　「精神主義」が抱える諸問題

I　没後数年間の清沢評

同時代人の評価

岩波書店から『清沢満之全集』が刊行されてから、二十年以上の月日が経過した。その間、清沢満之という人物の名前は、近代日本思想史や近代仏教などの分野を専門とする研究者の間では、日本近代を代表する宗教家・思想家として知らない人はいないほど浸透してきたことは確かである。だが、世間一般には、日本近代を代表する思想家としてはおろか、その名前すらほとんど知られていないというのが実状であろう。

清沢が歴史に埋もれた存在となったのは、大学卒業後に社会的成功が約束された「立身出世」のコースから外れ、一宗一派の僧侶として宗門学事の改革に身を投じることになったこととも、大いに関係していよう。そのあたりの事情については、大学予備門、文学部哲学科、さらには大学院まで、清沢と同じエリートコースを歩み、後に文部大臣や東洋大学学長などを歴任している岡田良平（一八六四〜一九三四）が、「同窓中、最も秀でていた清沢君」がもしも「他の同窓」と同じ道に向かっていれば「必ずや他のものを凌駕していたのは、疑いを容れぬ」と語っていることなどからも推し量られる。また、社会主義者として知られる堺利彦（一八七一〜一九三三）なども、清沢満之のことを「多く俗界に知られずして逝きたる宗教界のこの一人傑」と高く評価し、自身が刊行した『平民新聞』の創刊号の紙面を大きく割いてその死を惜しむ追悼文を執筆・掲載していたりもする。

同時代の日本の知識人たちが書き残している人物評のすべてをここに紹介する余裕はないが、少なくとも清沢満之と同じ時代の空気を吸い、彼の生き様を間近で見てきた近代日本のエリートたちの間では、立場の違いを超えて一目置かれる存在だったことは間違いないのである。

門人たちの伝導的精神

しかしながら、清沢満之の死後、もっぱらその思想の鼓吹に努めたのは、真宗中学時代の教え子で、晩年の清沢に私淑した「浩々洞」の門人たちであった。

実際、彼ら「浩々洞」の門人たちの行動力と熱意は、明治後期から昭和初期までの間に、師のテキストや人となりを顕彰する刊行物を数多く世に送り出すことになる。とは言え、一九二八（昭和三）年に出版されている『清沢文集』（岩波文庫）を除くほぼすべての刊行物は、真宗大谷派（東本願寺）と接点をもつ出版社から出されており、近代日本を代表する思想家としての扱いを受けているものは皆無に近いのが現実でもあるのである。

「浩々洞」の門人のなかでも、師の顕彰という点で中心的な役割を果たした人物の一人に、多田鼎《かなえ》（一八七五〜一九七三）がいる。物心つく前から真宗他力の教えに浸って生きてきた生粋の真宗人であった多田は、清沢満之の死から約十年後に、雑誌『精神界』に寄せた「願はくば我が昨非を語らしめよ」と題した一文のなかで、師の思想の鼓吹に努めた自身の胸の内を次のような言葉で赤裸々に語っている。

「幼少の時から深く根ざして来た伝導的精神は少しも止まりませぬ。益々この事業を努めて宗門を引立てねばならぬと焦りに焦りました。他教に対する反抗の思は已みませぬ。宗門の萎靡して居ることが、無念で堪えられませぬ。(143)」

多田鼎は、京都の真宗大学を卒業した直後の一九〇〇(明治三十三)年の秋、同級生の暁烏敏《あけがらすはや》(一八七七~一九五四)、佐々木月樵《ささきげっしょう》(一八七五~一九二六)とともに新都・東京で宗門学事の改革にあたっていた恩師の後を追うように東上。東京本郷の清沢宅に居室を借りるかたちで、清沢との共同生活を開始している。そして一九〇一(明治三十四)年の一月には雑誌『精神界』を刊行するなど、「精神主義」の唱道に精力的に努めるようになる。しかしながら、多田を「精神主義」の唱道へと向かわせた熱意が、彼自身の告白文にもあるように、「他教に対する反抗の思」と表裏一体の「伝道的精神」に根ざすものであったとすれば、「宗教の根本義」をとことん論理的に語ろうとした師の姿勢とは相容れないものであったと言うほかない。

「清沢宗」ができる勢い

ただ、清沢満之の生前死後をとおして「精神主義」の鼓吹に努めたという点では、暁烏敏の右に出る者はいないと言える。暁烏もまた、多田の「昨非」の告白から十五年後の一九一六（大正五）年に、「清沢先生へ」と題した一文を発表している。そのなかで暁烏は「清沢先生」に接近した動機について、次のように語っている。

「明治二十九年の頃、白川村においでた時分から、この後も、私は多田や佐々木と共に先生を訪問することが多かった。その折に、私共はひそかに清沢先生は偉い方でありなつかしい方であるが、浄土真宗の宗乗を知られないから、どうかして先生を真宗の安心を味おうて貰うように導かねばならぬと話し合っていた。(144)」

このように、生粋の真宗人であることに自負の念を抱いていた多田や暁烏たちは、寺の生まれではない「先生」にも「浄土真宗の安心」を味わってもらえるよう、「浄土真宗の宗乗」を熟知している自分たちが導いてやらねばとの思惑をもって、世間的には「偉い方」である清沢に接近したというのである。

実際、「浩々洞」での共同生活を始める以前に、暁烏は清沢満之を主幹とする雑誌の刊行を計画し、その「発刊の辞」まで周到に書きあげていた。「精神主義」の思想を鼓吹する言論誌として認知されていた『精神界』は、実質的には門人たちの門人たちによる伝道雑誌としての性格を色濃く帯びたものだったと言ってよい。

「浩々洞」の門人たちのそうした当初の目論見は、清沢満之の死後約十年の間に「清沢宗」なるものができるほどの勢いを持つまでになった。そのことで暁烏は、「まんまと新しい宗教界の天下を取ったような浮かれた気分」になっていたという。[145] しかしながら「清沢宗」なるものの思想の内実は、実際には暁烏自身も認めてもいるように、「先生の名」を冠した「精神主義」という呼称のもとに「旧いつまらぬ信仰の概念」が「新しい粧い」をしてきたものにすぎなかったのである。

Ⅱ 第一次「復権」の機運

司馬遼太郎の評価

一九六五(昭和四十)年、中央公論社の企画で「近代日本を創った宗教人一〇人を選ぶ」と題した座談会(選考会)が開催されている。この会の選考委員に選任された五人のうち四人は、近代日本の宗教に造詣の深い宗教学者や歴史学者たちであった。

座談会が開催されるにあたり、事前に配布された二十八人の候補者の名前が記載されたリストのなかにすら清沢満之の名前はなかったという。死後約六十年の間に、近代日本の宗教に精通しているはずの識者たちの間でさえ、ほとんど「忘れられた思想家」になっていたことを物語るエピソードと言ってよい。

候補者リストにすら名前がなかった清沢満之を「宗教人一〇人」のなかでも最初に来るべき人物だとして強く推したのは、選考委員のなかで唯一、学者ではなかった歴史小説家の司馬遼太郎(一九二三~九六)であった。[146] 司馬が、どの宗教家よりも清沢満之を高く評価したのは、ほかでもない。物事を、徹底して論理的に考えようとする哲学者気質、司馬の言葉を借りれば「キリで揉みこむような理詰めの追究のあげくに何らかの結論を得るにいたる体質」[147] に注目したからである。

司馬遼太郎の清沢評に共鳴した人物の一人に、京都大学で西洋哲学を修めた後、出家して浄土宗の仏門に入り、大学の教壇に立ちながらも法然院の第三十世貫首まで務めた哲学者の橋本峰雄(一九二四~八四)がいる。橋本は、座談会から五年後の一九七〇(昭和四十五)年に中央公論社から刊行された『日本の名著』第四十三巻の責任編集を担当しているが、その編集の意図について、「清沢満之をあらためて天下に紹介するところ」にその意味の大半があると述べている。『日本の名著』の同じ巻には、清沢の著作とともに「天下の器量人」として名高い鈴木大拙(一八七〇~一九六六)の著作も収録されているのだが、本巻における鈴木大拙師の位置づけは清沢満之の「介添え役」にすぎないと、橋本は大胆にもそう言ってのけるのである。[148]

宗教的信念の宣揚

司馬遼太郎による再評価をきっかけに、「忘れられた思想家」の思想は宗門外の人の目にも広く触れる機会を得ることになったのは事実である。ただ、そのことが本格的な「復権」に結びついたかと言えば、効果は限定的なものであったと言わざるを得ない。司馬や橋本らから高い評価を得ながらも、清沢満之の宗教哲学が近代日本において見るべき思想として市民権を獲得するまでには至らなかった背景に、いかなる事情があるのだろうか。

雑誌『精神界』の企画や執筆・編集をはじめ、出版業務の全般を中心的に切り盛りしていたのは暁烏敏である。暁烏の証言によれば、「理論に凝り固まっておられた先生が、これを迷妄となげ捨て」[149]て他力の信仰に帰するとともに「精神主義」に入り、もっぱらその立場から「小刀細工の理屈で決しようとする科学思想」に「鉄槌」を下されるようになったのは、[150]『精神界』が創刊されて以降のことだとされる。

晩年の清沢に間近で接してきた門人のこうした証言が、清沢満之生涯の仕事が前期の「哲学期」と後期の「宗教期」とに二分できるといった定説が形作られるうえで、多大な影響を与えたことは間違いない。だが、哲学の態度を放棄してもっぱら宗教的信念の宣揚に努めた後期の思想にこそ清沢の信仰の極致があるとする暁烏と、徹底して理詰めの思索を展開していこうとする前期の思想を評価する司馬や橋本の間の評価ポイントに大きなズレがあるのは、誰の目にも明らかであろう。

このときおのずと浮かび上がってくるのは、暁烏の見解と司馬や橋本の見解のどちらに理があるのか、といった素朴な疑問であろう。もし仮に、私たちが時間の経過とともに熟していくのが人の思想であるといった常識的な観点から審判が下されるとすれば、一人物の思想的評価は、晩年に到達した境地によって測られるべきだとの結論に至るのは、至極真っ当なことと言わなければならない。

「宗教的信念の必須条件」

ことほどさように、昭和四十年代に司馬や橋本らによって再評価された清沢の思想は、一部の研究者だけでなく、世間の一般の人びとの耳目も引くことになったと想像されるのだが、その関心の多くは、いきおい晩年の思想の精華とされる「精神主義」に向けられていくことになる。

だが、ここで私たちはいまいちど立ち止まって次のことを問うてみる必要がある。すなわち、哲学的な態度を投げ棄てて語られる思想を、私たちは何を手掛かりに、どう評価すればよいのかということである。暁烏が語るように、晩年の清沢が理論を「迷妄となげ捨て」たのだとしても、何をもって理論が「迷妄」とされ、もっぱら宗教的信仰のみが宣揚されなければならなかったのか。そのあたりのことについて確たる理由が示されていないとすれば、単なる退嬰であるといった誹りは免れ得ないのではないだろうか。

しからば清沢は、いったいいかなる理由で思想の円熟する晩年期に、それまでの哲学的な思索態度を放棄するに至ったのか。そのあたりの事情を知る手掛かりは、「精神主義」の名のもとに唱道された思想内容を丁寧に検討することで、あるいは得ることができるのではないか。少なくとも、ここ百年あまりの研究者たちの知的関心が、そうした疑問に収斂されてきたことは否定できない事実であるように思われる。

かくして、晩年の「精神主義」の思想に着目した研究者たちの労力の多くは、『精神界』に収録された清沢満之の文章のなかにどのような説得的論理を見出すことができるかについての解明に注がれる結果になったと推測される。

しかしながら、雑誌『精神界』に収録されている諸論文には、細かく見ていけばいくほど、論理の飛躍や哲学的な詰めの甘さなど粗さの目立つものが少なからず含まれていることに気づかされる。たとえば、『精神界』第一巻第十一号に「宗教的信念の必須条件」と題して掲載されている一文に、次の一節がある。

「一度如来の慈光に接して見れば厭うべき物もなければ、嫌うべき事もなく、一切が愛好すべきもの、尊敬すべきものであって、この世の事々物々が光りを放つようになる。所謂楽天とはこの境遇であろう。茲《ここ》に到って宗教的信念の極致に達したものと云わなけりゃならぬ。(中略)此に至ると、道徳を守るもよい、知識を求むるもよい、政治に関係するもよい、商売をするもよい、漁猟をするもよい、国に事ある時は銃を肩にして戦争に出かけるもよい、孝行もよい、愛国もよい、工業もよい、農業もよい。[151]」

約めて言えば、「一度如来の慈光」に接したならば、商売するもよし、漁猟をするもよし、場合によっては「銃を肩にして戦争に出かけ」るのもよしとされているのだが、「戦争に出かける」ことと「商売」や「漁猟」を行うこととが一括りに「よい」とされていることに、疑問を禁じ得ない人も少なくないのではなかろうか。ここでの主張が万人に受け入れ可能なものとなるには、どういった意味で「よい」と言えるのかについて慎重かつ丁寧な説明が求められるに違いない。にもかかわらず「よい」の一言で片づけられてしまうようであれば、どんな欲望も野放図に肯定される思想、ひいては戦争の美化につながる危険思想であるとの批判が差し向けられるのは、当然のことと断言せざるを得ないであろう。

明治三十五年の「回想」

しかしその一方で、「精神主義」以降に発表されている文章のなかには、以前と変わらず「キリで揉みこむ」ような緻密な論理展開が見られるものも、少なからず混在しているのである。暁烏敏の言に反して、晩年に執筆された論考のなかに哲学者然としたものが多数含まれているという事実は、いったい何を意味しているのか。

直截に言えば、雑誌『精神界』が発刊されて以降、それまでの自力的態度を排して他力に帰し、「精神主義」を唱道したとされること自体、暁烏や多田らによって虚構された物語にすぎない。そのことは死去する約一年前の明治三十五（一九〇二）年の日記（「当用日記」）に、自らの信念の歩みを振り返って、清沢自身、次のような言葉を綴っていることからも推察され得るであろう。

「回想す。明治廿七八《にじゅうしちはち》年の養痾《ようあ》に、人生に関する思想を一変し略《ほ》ぼ自力の迷情を翻転し得たりと雖ども、人事の興廃は、尚《な》お心頭を動かして止まず。乃《すなわ》ち廿八九《にじゅうはちく》年に於ける我宗門時事は終《つい》に廿九卅《にじゅうくさんじゅう》年に及べる教界運動を惹起せしめたり。

而して卅年末より、卅一年始に亘りて、四阿含《しあごん》等を読誦し卅一年四月、教界時言の廃刊と共に此《この》運動を一結し、自坊に投じて休養の機会を得るに至りては大《おおい》に反観自省の幸を得たりと雖ども、修養の不足は尚お人情の煩累に対して平然たる能わざるものあり。

卅一年秋冬の交《みぎり》、エピクテタス氏教訓書を披展するに及びて、頗る得る所あるを覚え、卅二年、東上の勧誘に応じて已来は、更に断えざる機会に接して、修養の道途に進就するを得たるを感ず。

而《しこう》して今や仏陀は、更に大なる難事を示して、益々佳境に進入せしめたまうが如し。豈《あに》感謝せざるを得んや。[152]」　（傍線筆者）

注目すべきは、「修養の道途」は「益々佳境に進入せしめ」ると述べられている点である。要するに、明治二十七、八年の頃には「略ぼ自力の迷情を翻転し得」てはいたものの、その後も「自力の迷情」を払拭できないでいる現実の自己と向き合いながら清沢は生きていたということ、そしてそのような現実自体、自己の「修養」に際して「感謝」すべきことと受け止められていたということである。

だとすれば、『精神界』の創刊と時を同じくして、清沢が理論を排した宗教的信念の発揚に努めるようになったとする暁烏の証言の信憑性は大きく揺らいでくることになる。昭和四十年代に「復権」の好機に恵まれながらも、それが果たされなかった主な要因に、一部の門人たちによって虚構された物語に多くの人が幻惑されたという事実があったことは否めないであろう。

Ⅲ 第二次「復権」の機運

「成文」をめぐる問題

司馬らによる第一次「復権」の試みから約四半世紀の時を経て、歴史に埋没した宗教者の思想を、再度哲学史上の表舞台に立たせようと孤軍奮闘した人物がいる。社会哲学者の今村仁司（一九四二〜二〇〇七）である。

清沢満之没後百年を記念して、清沢が初代学長（学監）を務めた大谷大学が全面的に編集を手掛けるかたちで、岩波書店から『清沢満之全集』全九巻が刊行されている。西洋哲学に造詣の深かった今村は、宗門外の研究者としてこの全集の企画や編集に深く関与することになるのだが、名の知れた出版社から全集が刊行されるに至ったことは、多くの宗門外の研究者の興味や関心を刺激して、以前よりもはるかに開かれたあり方で思想的価値が再検討される知のアリーナの創出に大きな役割を果たしたと言ってよい。

しかしながら、そうした画期的な事業も、従来の清沢評を一新させるほどの効果を持ったとは、正直言い難い。その理由の一つに、前後期に思想が大きく二分できるといった基本的な理解の枠組みの妥当性について、十分に再検討がなされなかったことがあるのは間違いない。だが、それにもまして問題なのは、『清沢満之全集』第六巻の巻末に収録された「解題」が、昭和三十年代に暁烏敏らの編集で法藏館から出版されている『全集』の「解題」を、そのまま引き写したものになっているという点であろう。

「解題」には、収録文が執筆された経緯などを知るうえで、学問上極めて重要な意味があることは言うまでもない。なかでも問題なのは、収録文のいくつかに関して「多田鼎成文」とか「暁烏敏成文」などと注記されているにもかかわらず、それが何を意味しているのかについて一切検討がなされていないことである。「成文」というのは、有り体に言えば、他者（門人たち）が清沢に成り代わって文章を一から作成し、しかも本人の校閲を経ないまま清沢満之の名前で『精神界』誌上に掲載された文章のことを意味している。そのため、清沢名で発表されている文章であっても、「成文」と記されているものとそうでないものとでは、文体の違いのみならず、思想の緻密さという点で明らかな違いが認められもするのである。

文言の改変

さらに言えば、岩波版の『清沢満之全集』第六巻に収録されている『精神界』掲載文のいくつかに関しては自筆原稿が残っているため、編集の段階でいくつかの文言が書き換えられていることが確認できるにもかかわらず、そのことが及ぼす思想上の影響について検討がなされた様子もないという点にも、大きな問題が指摘されなければならない。

清沢満之が起筆して『精神界』に寄せた文章中の文言の書き換えをめぐっては、暁烏敏のことを「先師」と仰ぐ毎田周一《まいだしゅういち》（一九〇六〜六七）による次のような証言が残されている。

「私は先師の個人雑誌「広大会」を編集していたが、師は私にいわれた。わしの文章を思う存分直していい。わしは清沢先生の『精神界』に寄せられる文章を勝手に直したものだ。あんたも遠慮なしにそうしてくれないと困る、と。（中略）わしら清沢先生の原稿など鼻かんで捨てたもんぢゃと。先師は自分の著書を自らの排泄物としか思っておられなかったのだから、それも無理はないと私は思った。[153]」

「清沢先生へ」と題された回想文のなかで、暁烏は「清沢先生」の死後十年の間に、その「潑剌たる中心の信味」を徳川時代に堕落し来たった便利の為に考えられた「宗乗の殻」に入れてしまったことを、素直に認め懺悔している。暁烏自身のこうした告白と照らし合わせれば、「先師」

が「清沢先生の『精神界』に寄せられる文章を勝手に直した」とする毎田の証言は、一段と信憑性を帯びてくるであろう。そして、もしそのことが事実だとするならば、清沢満之の名前で発表されている『精神界』の文章のうちの何本かは、暁烏をはじめ何人かの門人たちの思想が入り混じったものと見なさざるを得ないであろう。

暁烏敏の思想

岩波書店から新たに全集が刊行されたことで、再評価の好機を得たかに思われた清沢の思想が現代の研究者に見切りをつけられることになった理由の一つが、前節にも引用した「宗教的信念の必須条件」に披歴されている思想にあったことは確かである。しかしながら、この一文が発表された当初から、清沢の思想が特に問題視されたり、方々からの強い非難に晒されたりしたわけではなかった。

『精神界』を主な媒体として唱道された「精神主義」の思想に非難の目が向けられるようになったのは、「宗教的信念の必須条件」が掲載された翌月に『精神界』の「精神界」欄に無記名で掲載された論説文(社説)がきっかけであった。創刊以来、『精神界』の社説に相当する「精神界」欄には、無署名の論説文が毎号コンスタントに数本程度掲載されて続けてきたのだが、この号の巻頭を飾ったのが「精神主義と性情」であった。この論説文を執筆したのは暁烏敏であった。しかし『精神界』の一般読者の多くが、この一文を執筆したのは主幹である清沢満之であると受け止めたのは、無理からぬことであった。そして実際この論説文が発表されたことを機に、方々から「精神主義」批判が巻き起こることになるのである。

「精神主義と性情」のなかで暁烏は、以下のような持論を展開している。

「吾人を救済し給う絶待無限、衿哀《こうあい》大悲の光明は、殺生する者に殺生を止めざれば救わずと宣《のたま》わず、邪婬を好む者に邪婬を禁ぜざれば救わずと宣わず、偸盗する者に偸盗を、妄語する者に妄語を、飲酒する者に飲酒を止めざれば救わずと宣わず。飲酒する者は飲酒する儘《まま》、妄語する者は妄語する儘、偸盗する者は偸盗の儘、邪婬する者は邪婬の儘、殺生する者は殺生の儘、我を頼め極楽に迎えんとはこれ吾人が救主の大悲招換の勅命にあらずや。樵夫に舟漕げと云わず、女に男たれと云わず。栗の毬は針のある其儘《そのまま》、渋柿はその渋のある儘、助けんとあるはこれ如来大悲の御心にあらずや。この如来の光明の懐にありて、自己の心中に於ける如来回向の信仰に満足して、昌平の生活を続くるは、これ、吾人精神主義者の住する所の見地とす。(154)」

ここに引用した暁烏の思想が「宗教的信念の必須条件」に見られる思想に輪をかけて大胆なものであることは、一目瞭然である。そこに指摘されるのは、一言で言えば無限の平等の一面に偏した思想傾向と言ってよい。こうした思想が、有限面と無限面の微妙なあわいのうえに細心の注意を払いつつ紡がれる清沢の思想とは、似て非なるものであることは言わずもがなであろう。ここで語られる一元論的思想の行き着く先が、畢竟、何をしても許されるといった必然論や運命論でしかないことは、容易に推測され得る。

だとすれば、「宗教的信念の必須条件」を執筆したのは、本当に清沢満之だったのかどうかについても、俄然疑惑の目が向けられてくることになるであろう。

恩寵主義的理解

これに類する疑念は、その他のいくつかの事実からも、いっそう色濃いものとなる。どういった事実かと言えば、法蔵館版『全集』の「解題」に「成文」と注記されていないもののなかにも、門人によって「成文」されているものがいくつか含まれていることに加えて、[155]『精神界』第二巻第十二号に暁烏が寄稿している「獅子奮迅三昧」と「精神主義と性情」、および「宗教的信念の必須条件」の間には、論理展開や言葉遣いなどの点で多くの類似性が認められるということである。

「獅子奮迅三昧」と題された一文のなかで暁烏は「如来の命令なりと信じたる事は徹頭徹尾貫通せざるべからず」と前置きしたうえで、次のように述べている。

「盗を為すことを以て、自己の聖職なりと信ずる事を得て安心に盗を為し、之が為めに社会の制裁を受くるも平然たることを得とせば、盗を為すことを敢て不可とせず。人を殺すことを以て、自己の聖職なりと信ずる事を得て、安心に人を殺し、之が為めに国家の法律に問はるるも潔きを得るとせば、人を殺すこと敢て不可なりとせず。[156]」

『精神界』の巻頭を飾る社説文として掲載された「精神主義と性情」をきっかけに巻き起こった「精神主義」批判の渦中に身を置くこととなった清沢は、死去する一カ月ほど前に「宗教的道徳(俗諦)と普通道徳との交渉」と題した一文を『精神界』に寄稿している。そのなかで「精神主義と性情」での「偸盗する者は偸盗の儘、邪婬する者は邪婬の儘、殺生する者は殺生の儘」に「極楽」に迎えてくれるところに、「救主」である阿弥陀仏の「大悲招換の勅命」があるといった主張について、それはあくまでも「無限の大悲」の救済は「殺盗姦淫等の有無」に左右されないという意味であって、無限の方面からすればそのような言も成り立つといった詳解を施している。死を目前にして、門人が起こした不始末の尻拭いをしているのである。

西田幾多郎の酷評

暁烏敏は清沢満之の死後、師の一番の理解者たることを自称するとともに、一部では仏教界の改革者であるとまで評される人物になっている。しかしその一方で、暁烏が晩年の清沢の思想の精華であるとして喧伝に努めた「精神主義」が、清沢本人の思想ではないことを見抜いていたと思われる人物がいる。日本を代表する哲学者として名高い西田幾多郎(一八七〇~一九四五)である。

西田は、哲学科の先輩である清沢に敬愛の念を抱いていた人物の一人でもあるのだが、西田の孫にあたる上田久（長女・彌生の次男）の次の言葉は、間接的な証言とは言え、西田が暁烏敏の思想や行動をいかに苦々しく思っていたかを如実に物語るものであろう。

「私は祖父から、暁烏敏に対して、〈あの男は偽せ者だ〉という言葉を聞いたことがある。祖父の偽せ者だという言葉は、かなり強い否定的な批判の言葉である。時代とともに転変する暁烏の思想遍歴や、世間の眼を意識した言動に不満を持ったのだろうが、恐らくは悪評高かった暁烏の女性関係が、法を説く人として、〈精神主義〉を唱えた清沢満之の弟子として、人一倍女性関係に潔癖な祖父には到底許し難かったのであろう。(157)」

西田幾多郎が、暁烏ら「浩々洞」の門人たちが『精神界』に寄せられた清沢の文章を勝手に書き直したり「成文」したりしていたという裏事情をどの程度まで知り得ていたかについては、はっきりしたことはわからない。だが西田は、清沢が存命中だった一八九七（明治三十）年九月から一八九九（明治三十二）年六月までの約二年間、高校の教員として過ごした山口で、清沢の腹心の同士であった稲葉昌丸と友誼を結ぶ機会を得ている。当時、稲葉も、改革運動の首謀者の一人として僧籍を剥奪される憂き目に遭っていたのだが、その間たまたま教員として山口高等学校に赴任していた。西田は赴任先の山口で、ただ一人心を許していた稲葉の口をとおして、部外者からは見えない「浩々洞」の複雑な内実をかなり早い時期に知り得る境遇にあったのではないかと推測される。(158)

Ⅳ 文言の書き換え

検証のための素材

『精神界』に寄せられた清沢の文章を無断で勝手に書き直したうえに原稿を鼻紙にして捨てるなどといった暁烏の行為には、現代の感覚からすれば、にわかに信じ難いものがある。だが、清沢本人によって執筆されたものとして『精神界』に発表されている文章のうち自筆原稿が確認できるのは、実際、わずか数点にすぎない。こうした事実は、先の毎田周一の言葉の正しさを裏づける一つの傍証であると言えるのかもしれない。

ところで、一九〇一（明治三十四）年一月に第一号が発刊されてから、清沢が亡くなる一九〇三（明治三十六）年六月に第三巻第六号が刊行されるまでの二年六カ月の間に『精神界』に寄せられた記事は、内容や形式の違いに応じて、適宜、いくつかの「欄」に割り振られるかたちで掲載されている。このうち、清沢の「精神主義」の思想であるかのような体裁で載録されている記事は、全部で四十三本にのぼるが、その内訳は、「講話」欄に清沢満之名で掲載されたものが二十三本と最も多く、次いで社説に相当する「精神界」欄に無記名で掲載されたものが十六本、「雑纂」欄が二本、「解釈」欄が一本となっている。

私たちは、僅かに残されている自筆原稿の文章と、編集・校正を経て『精神界』に掲載されている文章との違いを、細かく見ていくことで、文言の書き換えが行われた門人たちの意図をかなりの程度、うかがい知ることができるように思われる。とは言え、本書ではすべての箇所について遂一検討を行う余裕はない。そのため、取り上げる素材を第三巻第六号に掲載された二本の記事のなかでも、特に書き換えに伴う思想の変質が見えやすい箇所だけに絞って、必要最低限の検証を行うにとどめたい(159)。

「他力の救済」に見られる異同

一つめに採り上げるのは、「他力の救済」というタイトルで第三巻第六号の「精神界」欄に無署名で発表されている文章である。この原稿は、明治三十六年四月一日に、半年前まで清沢が学長(学監)を務めていた真宗大学で催された「親鸞聖人御誕生会」の祝辞として執筆されたものであることがわかっている。この祝辞が『精神界』に載録されるにあたり、誰が編集・校正を担当したのかについての確かな記録は見当たらないが、「御誕生会」でこの祝辞を代読したのが暁烏敏であったことだけははっきりしている。このことから、少なくとも暁烏には、この祝辞に対して他のどの門人たちよりも、強い思い入れがあったことが推し量られる。

「他力の救済」は、千字にも満たない短い文章ではあるが、『精神界』に採録されるに際して、随所で文言の削除や書き換えが行われている。なかでも特に注目されるのが、傍点を付した次の三箇所である。

〈原文〉

「嗚呼《ああ》他力救済の念は、能く我をして迷倒苦悶の娑婆を脱して、悟達安楽の浄土にⓐ入らしむるが如し、我は実に此念によりⓑ現に救済されつつあるを感ず、若し世に他力救済の教なかせば（ママ）、我は終に迷乱と悶絶とをⓒ免かれざるべし。」

〈掲載文〉

「嗚呼他力救済の念は、能く我等をして迷倒苦悶の娑婆を脱して、悟道安楽の浄土にⓐ入らしむ。我は実にこの念によりてⓑ救済されつつあり。若し世に他力救済の教なかりせば、我は終に迷乱と悶絶とをⓒ免かれざりしならむ。」

まず、ⓐに関して言えば、〈原文〉では「入らしむるが如し」となっていて「悟達安楽の浄土」に入ったかのように感じられると、現在の主観的境地が表明されているのに対し、〈掲載文〉では「入らしむ」となっていることで、読者に「悟道安楽の浄土」に入ることが客観的事実であるかのごとき印象を与える表現となっている。

同様の傾向は、ⓑの箇所にも見て取れる。〈原文〉では「現に救済されつつあるを感ず」と、自己に感受される救済の念がどこまでも現在の心に味わわれる主観的なものであることが表明されているのに対し、〈掲載文〉では「救済されつつあり」と言い切られている。そのため、現在の自己に感受される救済の念が、あくまでも主観的なものであるといった意味合いが薄れてしまっている感が否めない。

さらにⓒの〈原文〉では世に「他力救済の教」がなかったならば、自分は「迷乱」や「悶絶」を免れられないはずだ（「免れざるべし」）と、他力救済の念の感受が現在形で言い表されているのに対し、〈掲載文〉では自分はきっと「迷乱」や「悶絶」を免れることができなかったに違いない（「免れざりしならむ」）と、過去の事実として語られているために、現在の自己の心念が「迷乱」や「悶絶」と無縁であるかのような印象を読者に植えつけるものになっている。

まとめて言えば、門人による編集・校正を経て『精神界』に掲載されている文章では、自筆原稿に見られる微妙な言い回しが削ぎ落とされているせいで、「迷乱」や「悶絶」を感じずに済むというところに「他力救済の教」の真骨頂があるとするような、一元論的思想傾向が指摘されなければならないということである。

「我信念」に見られる異同

次に採り上げたいのは、絶筆文となった「我は此の如く如来を信ず（我信念）」である。この一文は「我信念」というタイトルで「講話」欄に記名入りで発表されているのだが、死の一週間前に原稿に添えられるかたちで郵送された暁烏敏宛の手紙には、「実感の極致」を述べたと綴られている。このことからも、最晩年の清沢の思想を理解するうえで極めて重要な資料と位置づけられる。

〈原文〉と〈掲載文〉との間に見られる文言上の相違点は、先の「他力の救済」に比べれば少ないのだが、傍点を付した箇所には、清沢の宗教思想の本質にかかわる重大な問題が指摘できるであろう。

〈原文〉

「人智は有限である不完全であると云いながら、その有限不完全なる人智を以て、完全なる標準や、無限なる実在を研究せんとする迷妄を脱却し難いことである。私も以前には、真理の標準や善悪の標準が分らなくては、天地も崩れ、社会も治まらぬ様に思うたることであるが、今は真理の標準や善悪の標準が、人智で定まる筈がないと決着して居りまする。」

〈掲載文〉

「私も以前には有限である不完全であると云いながら、その有限不完全なる人智を以て、完全なる標準や、無限なる実在を研究せんとする迷妄を脱却し難いことである。私も以前には、真理の標準や善悪の標準が分らなくては、天地も崩れ社会も治まらぬ様に思うたることであるが、今は真理の標準や善悪の標準が、人智で定まる筈がないと決着して居ります。」

〈原文〉は、「人智は有限である不完全である」という言葉で書き出されているのに対して、〈掲載文〉では「人智は」という文言が削除されたうえに「私も以前には」という直後の一文の冒頭にあるのと同じ文言が付加されている。この書き換えによって、どんな問題が生じるのかと言えば、〈掲載文〉に接した人は、暁烏が言うように清沢というのは晩年に至って哲学研究を迷妄としてなげ棄て、宗教的信念に生きた人物だといった印象を抱かずにはいられないということである。〈原文〉では、死の直前まで「有限不完全なる人智を以て、完全なる標準や、無限なる実在を研究せんとする迷妄を脱却」できないでいる自身のありようが赤裸々に語られているにもかかわらず、である。

もっとも、自筆原稿を注意深く観察すれば、書き換えられている当該の箇所には、一見、「私も以前には」という文言を「有限である不完全である」という言葉の前に挿入せよとの指示に見えなくもない、清沢本人の書き込みが確認できる。だとすると、ここでの文言の改変は必ずしも意図的に行われたものでなかった可能性も完全には排除し切れない。しかしながら、こうした書き換えがなされることで、清沢満之の晩年の思想をめぐる理解は一八〇度変わってきてしまうと

言っても過言ではないのである。(160)

V 清沢満之の「復権」に向けて

清沢満之の挑戦

清沢満之が生涯一貫して取り組み続けたのは、宗教の「根本義《ファンダメンタルプリンシプル》」を明らかならしめ、宗教が持つ効用を改めて世に知らしめんとする仕事であった。

　下級武士の子として幕末期に生を受けた清沢満之が、明治近代という特殊な時代状況のなかで東本願寺に拾われ東京大学で哲学を修めることになったのは、様々な偶然が重なってのことである。そうした偶然が、清沢の後の人生を方向づける主要因となったことは否定できない。だが、哲学的に宗教を解明するという仕事を、彼はしぶしぶ引き受けたわけではない。宗教の「根本義」を解明せんとする仕事に畢生の努力を注ぎ込んだのは、自らの実存的な問いのなかから生まれた「至誠の欲求」に促されたからでもあるのである。

　前近代と近代の端境期に生まれた世代の日本人には、ひとつの共有された時代精神があり、一種特有の思想課題があった。一言で言えば、それは肥大化する近代の自己意識が生み出すエゴイズムの籠絡からいかにして遁れることができるかという思想課題であったと言える。(161)「端境の世代」として大学などで高等教育を受けた日本のエリート青年の多くは、そうした共時的課題の解決に学的方法をもって挑もうとしたのである。

周知のように近代以降の学問は、自然科学系（理系）の学問と人文社会系（文系）の学問の二系統に大別されてきた。真理を追究し、物事の真相に迫ろうとするところに学問の本義があることは言うまでもない。そうした姿勢を端的に言い表している一つの言葉がPhilosophyであろう。明治の初期に「哲学」と翻訳され日本語として定着したPhilosophyは、元来「とことん知を愛する」人間の姿勢のことを意味している。人が学問の道を志すのは、解らないことを解ろうとするから、言い換えれば自らの知を武器として不可思議を可思議ならしめようとするからである。それこそまさしくPhilosophyの態度であり、理系の学問にも文系の学問にも共通して求められる学問の態度と言えるのだが、そうした態度には、有限な人間が無限の理想に向き合うところに成立する「宗教」につうじるものがあることは明らかである。

清沢が取り組んだ「宗教哲学」の仕事に関して言えば、そこにおいて目指されたのはいまここにある自己を自己たらしめているこの世界の普遍的構造を言語化し、論理として世に示すことにあった。どの「宗教」にも通底する根本構造を明らかにしようとする「宗教哲学」の営みは、無限他力に生かされてある自己の真相に迫ろうとする営みでもある。そのような知的営為をとおして、清沢は新たな形而上学を打ち立てようと試みたとも言えるのかもしれないが、その視線の先には有限な人間が置かれた個々の境遇をいかに生きるかといった、近代以降の日本人が否応なく直面させられていた倫理的課題に対する彼なりの答えが見据えられていたのである。

今村仁司における「清沢問題」

第二次「復権」の動きのなかで重要な役割を果たした社会哲学者の今村仁司が清沢満之の思想を高く評価したのは、司馬や橋本ら同様、もっぱらその緻密な論理展開にあった。実際、今村は、清沢の宗教哲学に焦点を当てた論考を数多く発表している。ただ、残念なことに『精神界』誌上に掲載されている晩年の文章のいくつかに、時流に安易に迎合していると受け取られても致し方ないような、緻密さを欠く発言が見受けられるのはなぜなのかという疑問について、逐一検討するという仕事に着手することのないまま、二〇〇七年五月に惜しまれながらこの世を去っている。二〇〇七年十月、今村を追悼するシンポジウムが東京経済大学で開催されている。このシンポジウムでは、今村が晩年に熱意をもって研究に取り組んだ「清沢論」もテーマの一つに取り上げられたのだが、その報告者を務めたのが日本思想史家の子安宣邦であった[162]。

子安によれば、日本の近代思想史には、『歎異抄』という書物をつうじて日本人の間で広く受容された親鸞理解（「親鸞問題」）の影響が濃厚であるとされる。にもかかわらず、西洋哲学を専門としてきた今村が語る「清沢論」（「今村仁司における「清沢問題」」）は、そのあたりの事実への考慮を欠いた「俗っぽい知性主義的な物言い」に終始していると、子安は今村の清沢理解に根本的な疑義を差し向けるのである。

日本近代思想史上の「親鸞問題」が、今村の「清沢問題」といったいどのように絡んでくると、子安は考えたのだろうか。

『歎異抄』というテキストを近代において再評価した最初の人物が清沢満之であったというのは、近代日本思想史の研究者の間で共有された理解であり、清沢自身『歎異抄』を愛玩していたことは、周囲の証言からも確かなようである。また『歎異抄』が、近代以降の日本人に絶大に支持されてきたテキストであり、子安が言うように日本近代思想史には常に「親鸞問題」の影がつきまとってきたことも確かであろう。

だが、私たちが親鸞思想に触れることのできるのは、『歎異抄』だけではない。近代以前には、親鸞の主著は『教行信証』であるとする見方が主流であったし、そうした見方は現在でも少しも疑われてはいない。『教行信証』が真宗立教開宗の根本聖典と見なされてきたのは、随所に「知」の親鸞の姿を垣間見ることができるからにほかならない。

通説に従えば、『歎異抄』の著者は親鸞の弟子の唯円であるとされる。唯円によって前面に押し出されているのは、徹底して凡夫の自覚に立つ「非知」の親鸞の姿である。『教行信証』に見られる学僧の立場を棄て去り、一心不乱に阿弥陀仏に帰依する「最後の親鸞」の姿である。少なくとも『歎異抄』の思想に触れた読者の多くが、「非知」の親鸞の姿を「最後の親鸞」の姿と受け止めてきたのは、紛れもない事実と言って差し支えない。

子安が、今村の「清沢論」に疑義を呈するのは、要するに今村が「哲学」を棄て去って後の「最後の清沢」、「精神主義」の清沢の思想によらず、仏教の思想をぎりぎりまで言説化しようと努めた「最初の清沢」によって清沢満之を読み抜こうとしている点を問題視しているからである。今村のそうした姿勢は、親鸞が学知を尽して信を語る『教行信証』に本当の親鸞の姿を見て、『歎異抄』の親鸞に本当の親鸞の姿を見ないという姿勢に対応していると、子安は厳しい評価を今村の「清沢論」に突きつけるのである。

親鸞と日本主義

この補論の冒頭で、私は「浩々洞」の門人たちがこれこそ晩年の清沢の宗教思想の極致であるとして喧伝に努めた「精神主義」には、「先生」にも浄土真宗の信仰の味わいを語らせたいといった彼らの強い意向が働いていることを指摘した。

「精神主義」の喧伝に努めた門人たちのなかでも、とりわけ『歎異抄』の親鸞に強い思い入れがあったのは暁烏敏である。現に暁烏は、「歎異抄を読む」と題した講話文を一九〇三（明治三十六）年一月から八年間の長きにわたって『精神界』に連載していたりもする。

暁烏は「歎異抄を読む」を一冊の単著にまとめた『歎異抄講話』の「緒言」で、『歎異抄』の作者を唯円とする説はとらず、如信上人とする説に従うとしている。子安は『歎異抄の近代』のなかで、親鸞とその信仰の受け手である如信との関係、及び清沢とその信仰の受け手である暁烏との関係について、次のように述べている。

「暁烏は『歎異抄』というテキストに、親鸞という宗教者の核心的な〈信〉とその教えの授受の〈事実〉を見ているのである。それを親鸞から如信上人への授受とするのである。それは歴史的に検証される事実ではない。だがそれは清沢満之から暁烏敏へと授受された〈信〉と教えが〈事実〉であるならば、そこに反復された原型的な親鸞の〈信〉と教えの授受もまた〈事実〉だということである。」

しかしながら、このような三段論法によって、親鸞の原型的な〈信〉と教えが、清沢、さらには暁烏へと授受されたことが〈事実〉だとする子安の主張は、到底成り立ち得ない。暁烏と清沢との関係に関して言えば、暁烏が清沢の思想を意図的に歪めていることは、自身の口からも語られている事実なのである。さらに言えば、『歎異抄』の思想を近代日本に広めた人物は、清沢ではなく暁烏だったと考えられる[163]。要するに『歎異抄』の親鸞に自らと共鳴する「核心的な〈信〉とその教え」を見て取った暁烏が、それを本当の清沢像と恣意的に結びつけたと見る方が、よほど筋の通った解釈と言えるのではないかということである。

確かに言えることは、暁烏によって語られる『歎異抄』の親鸞には、「精神主義」の清沢と大いに共鳴するものがあるということである。清沢の死後、我こそが「精神主義」の正統な継承者であるかのように振る舞い続けた暁烏は、恩寵主義に傾斜した言論活動を展開していくなかで、その言動がますます「日本主義」、「国家主義」、「全体主義」へと傾いていくことになる。晩年の清沢満之の宗教思想が、その後の戦争賛美の道を用意したとして多くの識者から批判され続けてきたのは、もっともなことであったと言わなければならない。

政治学者の中島岳志は、『親鸞と日本主義』と題した本のなかで、暁烏をはじめとした親鸞思想の信奉者たちが続々と「日本主義」に傾倒していったという歴史的事実を捉えて、「なぜ親鸞思想と国体論は、いとも簡単に結びついていったのか」、「全く異なる思想のはずの両者が接続し、融合していったのはなぜか」といった問いを立てている。そのうえで中島は、「そこには個別的な現象に通底する構造が存在するはずだ。この構造をつかまえなければならない」と言うのだが、(164)そこには仏教という宗教の存在価値を左右する重大な問題が指摘されねばならないであろう。と言うのも、そこに「通底する構造がある」のだとすれば、同じ構造は「全体主義」の右翼思想に傾斜していった暁烏の思想のみならず、親鸞の思想にも清沢の思想にも、ひいては親鸞が「七高僧」と崇める龍樹や仏陀の思想にもあるとしなければならないことになるからである。(165)

思想に息を吹き込む

「精神主義」の名のもとに唱道されてきた宗教思想に指摘され得るいくつかの根本問題の解決が棚上げになったままでは、哲学面での卓越性に着目して取り組まれようとした第二次清沢満之「復権」の試みがうまくいかなかったのも無理もないことであったと言わざるを得ない。依然として清沢満之「復権」の試みの前に立ちふさがっているのは、前期「宗教哲学」、後期「精神主義」という研究者の間で長いこと共有されてきた基本的な理解の枠組であることは間違いない。そして、その障壁は同時に「『歎異抄』の近代」が私たちの行く手を阻んでいる当の問題でもあるに違いないのである。

この先、再度清沢「復権」の試みがなされるとすれば、「精神主義」の思想として一括りに扱われてきた晩年の思想のどこに異質なものが紛れ込んでいるかを慎重に見極めて、夾雑物を可能な限り取り除くという地道な作業が、まずもって求められるであろう。そのうえで明らかにされる清沢の宗教思想が、現代を生きる私たちが直面している様々な問題にいかなる対処の道を示してくれるものなのかを、いまいちど真摯に問うてみる必要がある。

仏教学者の末木文美士は『思想としての近代仏教』（中公選書、二〇一七年）のなかで、「今日の新しい哲学の可能性を示すものとして、清沢を読みなおすことは十分に可能」であるとの展望を語ってもいる。末木の見立てによれば、従来とは異なる新たな視点から清沢の宗教思想を検討し直す先には、「肯定的な答」が期待できるというわけである。

清沢満之の思想のなかに、人間存在や人間社会が抱える様々な問題に普遍的に応え得るような「哲学の可能性」を見出すことができるのだろうか。清沢が宗教の根本義を明らかにする仕事を自らのライフワークとしたのは、宗教にまつわる皮相者の誤想を正す必要があると考えたからである。そうした仕事こそ近代以降の行き詰まりを打開するうえで不可欠であると、彼は確信していたのである。

清沢満之が志半ばにこの世を去ってから、百二十年以上の時が経過した現代の日本社会では、宗教に対する誤解はむしろますます増長しつつあるように、私には思われてならない。もし仮に私たちが、清沢満之の宗教哲学に、近代以降の行き詰まりを打破し得るような「知」を見出すことができるとすれば、そのときはじめて、彼が生涯をかけて取り組み続けた哲学が息を吹き返すことになるのではないだろうか。

注

（1）たとえば末木文美士は、「内への沈潜は他者へ向いうるか——明治後期仏教思想の提起する問題」（『思想』九四三、岩波書店、二〇〇二年、一八頁）のなかで、清沢満之の精神主義が、昭和の戦時期にその門下たちによって強力に推し進められた無批判な体制道徳の肯定、いわゆる「戦時教学」の原点をなすものではないかといった見方を示している。

（2）清沢満之が生きた時代背景や人物関係について詳しく知りたい人は、拙著『清沢満之と日本近代思想——自力の呪縛から他力思想へ』（明石書店、二〇一四年）も併せて参照していただきたい。

（3）「本論」では、「私たち」（清沢の表現では「吾人」）が主語になっており、あたかも清沢が自身の「宗教哲学」を語っているような体裁が採用されている。理由は、筆者がいったん清沢の言葉を咀嚼したうえで、その要旨を筆者の視点で再構成したことによるからだということを、あらかじめ断っておきたい。「本論」をいわゆる「学術論文」の形式に則って執筆するとすれば、数十倍の文字数が費やされることになると予想されるため、本書ではこのようなスタイルを採用した次第である。

（4）〈法〉Ⅰ、五二五頁。

（5）なお、「第五仮義校」は入学したのと同じ年に廃止されたため、満之は「第二十三番小学遷喬学校」に転入学しているようである（〈法〉Ⅰ、五三一頁）。

（6）〈法〉Ⅰ、五三八〜五三九頁。

（7）育英教校時代に満之と出会い生涯の盟友となる稲葉昌丸は、当時の満之について次のように語っている。「この時分、師は学動甚だ活発で、走る、相撲をとる、衣服の損じておらぬことは稀で、度々学校の監督に叱られました。議論はこの時分から既に好きで、又中々達者で、しばしば人を困らせました。」

〈法〉Ⅰ、五四二頁)。

(8)〈法〉Ⅰ、五九四頁。

(9)加藤周一は夏目漱石(一八六七生まれ)や、鈴木大拙(一八七〇年生まれ)、西田幾多郎(同)など、明治維新前後に生まれた世代の知識人たちを「一八六八年の世代」と称している。加藤によれば「一八六八年の世代は、西洋流の高等教育の最初の世代として特徴づけられるばかりでなく、また漢籍の素読の最後の世代としても特徴づけられる」(『日本文学史序説(下)』(筑摩書房、一九九九年、二八二頁)という。

(10)南方熊楠と土宜法龍との間のやり取りについては、「土宜法竜宛書簡」(『南方熊楠全集』第七巻、平凡社、一九七一年収録)を参照。

(11)「普通教校」の学生として禁酒運動を展開した中心人物に、後に東大教授などを歴任して近代仏教学の発展に貢献した高楠順次郎(一八六六〜一九四五)がいる。ちなみに「反省会」は、後に西本願寺から離れて「中央公論社」に改称されている。なお、明治期に西本願寺を牽引した僧侶らの活動については、岩田真美「初心者のための人脈相関図」大谷栄一、吉永進一、近藤俊太郎編『近代仏教スタディーズ』(法藏館、二〇一六年)を参照。

(12)浄土真宗(東本願寺も含む)では、禁酒も肉食妻帯も禁じられていたわけではなかった。だが、西本願寺の内部からそうした動きがあらわれたのは、仏教者が率先して戒律を守り、生き方の模範を人々に示すことで仏教の存在価値が見直されることを期待するといった、日本仏教界全体の機運を反映したものであったと言える。

(13)雲照が展開した戒律復興運動については、亀山光明『釈雲照と戒律の近代』(法藏館、二〇二二年)を参照。

(14)臨済宗妙心寺派の僧侶では、教育布教活動を中心に妙心寺派の宗務の枠組みを作った前田誠節などがいる。前田の事績に関しては、藤田和敏『悲劇の宗政家 前田誠節—臨済宗妙心寺派の近代史』(法藏館、二〇二一年）を参照。

(15) 石川舜台の事績については、主として多屋頼俊「石川舜台と東本願寺」（『講座近代仏教2』、法藏館、一九六一年）、佐瀬得三『名流の面影』（春陽堂、一九〇〇年）の研究によっている。

(16) 石川が郷里の金沢に「慎憲塾」を開設した頃に口述されている書物に、『仏教引哲学参観』（池善平、一八八八年）がある。もっとも、本書が公刊されているのは明治二十一年のことで、「哲学」という用語が日本社会に定着して以降のことなので、口述から約二十年の間に内容の加筆や修正がなされていることは十分考えられる。とは言え、宗門内から西洋の「学問研究」の手法を身に付けた学徒が輩出されることへの期待は、明治の早い時期に醸成されていたことは間違いない。『仏教引哲学参観』のなかで石川は、次世代の学僧たちのなかから、長きにわたり西洋諸国で展開されてきた深遠博大な「哲学」の諸説を概言できると同時に、仏教に内包される、西洋の「哲学」の諸説に勝るとも劣らない普遍的な価値を世人に示すことのできる「学士」が輩出されることへの希望を縷々述べてもいる（『仏教引哲学参観』、二二五頁）。そのためにも、まずもって西洋言語の習得が急務であると、彼は考えたのである。実際、金沢の「慎憲塾」で学んだ笠原研寿（一八五二〜八三）は、明治九（一八七六）年に本山留学生として欧州に派遣され、英国・オックスフォード大学のマックス・ミュラーのもとで梵語（サンスクリット語）を学んでいる。

(17)〈法〉I、五七九頁。

(18) ところで、本山の命で高等教育を受ける機会を与えられたにもかかわらず、「歴史」や「国文学」ならまだしも、「動物学」などを修めることに彼らは何ら疑問を抱かなかったのだろうか。ここで注目されるのは、当時、東京留学生たちの間では「護法場」以来の「排耶」意識が共有されていたという事実である。稲葉に「動物学」を修めるよう勧めたのは、満之であった。何故に、僧侶でありながら「動物学」などを研究する必要があるのか。そこには、「進化論」が学問の世界に非常に大きなインパクトをもって受け入れられたという歴史的事実が指摘できる。「進化論」の提唱は、神が世界を創造したとする『聖書』の教えを否定するものであると同時に、前近代的な知の転換を象徴する一大事件であった（「進化論」が日本の宗教界に及ぼした影響については、クリントン・ゴダール『ダーウィン、仏教、神――近代日本の進化論と宗教』（碧海寿広訳、人文書院、二〇二〇年）を参照）。耶蘇教が、そのような前近代的な知に立脚しているものである以上、合理という点からして致命的問題があることは容易に想像されよう。とりわけ、仏教を理性的でかつ合理的な思想であると考える人から見れば、「進化論」に反する耶蘇教の教説には、大いにつけ入る隙があるように感じられたのである。現に満之は、稲葉に「動物学」を勧告するにあたって、「耶蘇教は捨てておいてはならぬ、どうにかして潰さねばならぬ。是を潰すには進化論を以てするが一番早い」（〈法〉Ⅰ、五八九頁）と述べたとされる。

ただ、少なくとも満之のなかでは、「排耶」という発想は東大で「宗教哲学」を学ぶ過程で徐々に薄れていったようで、前期の著作を代表する『宗教哲学骸骨』が執筆される一八九二（明治二十五）年頃には、排耶意識は完全に消えていたと思われる。『宗教哲学骸骨』では、一貫してキリスト教も包摂されるようなかたちで「宗教」が論じられているからである。

(19)〈法〉Ⅰ、五八八頁。

(20)『哲学会雑誌』創刊号巻末に掲載されている「哲学会規則」には、（正規職員である二名の）「書記は当分帝国大学文科大学第三年生を以て之に充つ」こと、また「雑誌委員を置き雑誌編輯並に発行の事務を一切委托すること」、「但し委員は篤志の委員を以て之に当つ」ことが明記されている。したがって、『雑誌』にどのような記事を載せるかは、事実上、書記の意向に委ねられていたと言ってよい。

(21)フランスの大学で「哲学」などを教えたジャネは、主観的に記憶される月日の長さは年少者にはより長く評価され、年長者にはより短く評価されるという心理学の法則（「ジャネの法則」）を考案したことでも知られる人物である。

(22)大西祝が、将来を嘱望されていたことは確かである。だが、留学先で病を得た彼は、帰国を果たすも、京都帝大文科大学の学長就任前に若くして亡くなっている。

(23) 帝国大学文科大学国文科を卒業後、母校の教員となった国文学者の藤岡作太郎(一八七〇〜一九一〇)は『国文学史講話』(東京開成館、一九〇八年)のなかで、「当時、思想界の雄を以て目せられしは大西祝と清沢満之となり。明治の哲学、明治の宗教をいうものは必ずこの二人の名を逸すべからず」(同書、四三五頁)と、大西と清沢の両人の思想の深遠さを高く評価している。また、満之の教え子でもあった近藤純悟(一八七五〜一九六七)は、一九二八(昭和三)年に清沢満之二十五周年忌を記念して出版された本のなかで、藤岡と同郷の哲学者・西田幾多郎(一八七〇〜一九四五)のことを「日本の哲学者というべき斯界権威者」と評したうえで、「西田博士」が講演のなかで「『従来日本には哲学研究者は随分あるが日本の哲学者というべきは故大西祝と清沢満之氏であろう』と絶叫されました」(『清沢満之』、観照社、二一七〜二一八頁)とも証言している。

(24) 清沢満之と同期で、ともに大学院にまで進んでいる岡田良平(一八六四〜一九三四)は、次のように回想している。

「同時の同窓中、最も秀でていた清沢君のことでありますから、若しも他の同窓と同じ道に進まれたならば、必ずや巍然頭角をあらわされたに相違ありませんに、清沢君は京都へ帰られまして、宗教の方へ入られたものでありますから、世俗の眼より見ますれば、他の者の成功に比較して、或は見劣りがするように思われるかは知りませぬが、若し君が他のものと同じ方角に向われたならば、必ずや他のものを凌駕して居られることは、疑いを容れぬことと存じます。」(〈法〉Ⅲ、六〇八頁)。

(25) 沢柳と満之との間の交渉の内面的な関係については、柏原祐泉『日本近世近代仏教史の研究』(平楽寺書店、一九六九年)のなかで詳しく考察されている。柏原によれば、満之が示す自戒的・実践的精神は、沢柳政太郎から受けた「単なる友誼関係をこえた精神的共鳴」(同書、四一八頁)によるものだとされる。

(26) 青江舜二郎『狩野亨吉の生涯』(中公文庫、一九八七年、三四〇〜三四一頁)。

(27)新田義之『澤柳政太郎』(ミネルヴァ書房、二〇〇六年、四二頁)。
(28)沢柳政太郎「清沢師未だ死せず」(〈沢〉Ⅶ、三六九頁)。
(29)沢柳政太郎「道徳は反て卑近の実践を貴ぶ」(〈沢〉Ⅶ、二一四頁)。
(30)清沢満之、藤岡了空述『清沢先生藤岡翁養病対話』(法藏館、一九〇二年、三〜四頁)。
(31)オルコットの事績については、中西直樹、吉永進一『仏教国際ネットワークの源流』(三人社、二〇一五年)、吉永進一『神智学と仏教』(法藏館、二〇二一年)などに詳しい。
(32)オルコットの招聘に尽力したのは、京都の英学塾の運営に携わっていた進取の気性を持つ仏教者たちであった。仏教を基礎として国際的に活躍できる人材を育成する目的で、様々な宗派の支援・協力を受けるかたちで、京都室町御池に英学塾「オリエンタル・ホール」が設立されたのは、一八八五(明治十八)年一月のことである。「オリエンタル・ホール」では、「英語」と「普通学」が教授されたが、その館主として教育の普及に尽力したのが、太政官文書局の翻訳官などを務めた経験もある平井金三(一八五九〜一九一六)であった。安政六年生まれの彼は、若い頃にドイツ語や英語の習得に努めたり、独学でスペンサーやミルの哲学を学んだりするなど、明治近代の課題を一身に体現したような人物であった。
(33)「近代の肖像〈九九〉」、「同〈一〇〇〉」(『中外日報』、二〇〇七年二月六日、二月八日号に連載)。
(34)満之が通訳を務めた三日目の演説は『仏教四大演説集』(東洋堂、一八八九年)に「徳永満之君訳」として収録されている。
(35)そのほか、日本キリスト教からは小崎弘道(一八五六〜一九三八)が、神道からは実行教の柴田礼一(一八四〇〜一九二〇)が代表として派遣されている。
(36)満之が日本語で書き下した『宗教哲学骸骨』を英訳したのは、オルコットの日本招聘にも深く関わり、「万国宗教会議」には通訳として随行している野口善四郎(復堂)(一八六四〜没年不詳)である。教談家としても活躍した野口と満之は年齢も近く、野口は真宗大谷派茨木別院の「三徳学校」で英語を教えていたことからも、二人の間には以前から何らかの接点があったものと思われる。
(37) 沢柳政太郎「卑見」(〈沢〉Ⅶ、二六四頁)。
(38) 沢柳政太郎「信仰の順序」(〈沢〉Ⅶ、二三四頁)。
(39) 沢柳政太郎「宗教家と科学者」(〈沢〉Ⅶ、二九一頁)。
(40) 大谷勝縁が「執事」に就任した翌月の同年二月一日に「執事」の呼称は「総務」に改められている。
(41) 龍華空音の改革運動に関しては、川口淳「『欧米之仏教』にみる真宗大谷派改革運動――運動の経緯とその後の展開をふまえて」(中西直樹、川口淳編著『欧米之仏教(復刻版)――大谷派改革運動と神智学』、三人社、二〇一九年)に詳しい。なお、『龍華空音日記』の記述は、名古屋同朋大学図書館に所蔵されている原本に依拠しているが、日記の原本は、川口淳氏によって発掘されたもので、氏を介して入手したものである。川口氏に深く感謝したい。
(42) 佐瀬得三『名流の面影』(春陽堂、一九〇〇年、七〇頁)。
(43) 〈法〉Ⅴ、六二二頁。
(44) 死の直前に、満之は門人の暁烏敏に充てて、次のような文面の手紙を送付している。
「(「我信念」の)原稿ハ三十日ノ夜出シテ置キマシタカラ、御入手ニナリタコトト存ジマス。別ニ感ズベキ点モナヒトハ思ヒマシタガ、自分ノ実感ノ極致ヲ申シタノデアリマス。前号(「宗教的道徳(俗諦)と普通道徳との交渉」)ノ俗諦義ニ対シテ真諦義ヲ述ベタ積リデアリマス。然ルニ彼ノ俗諦義ニ就テハ、多少学究的根拠モ押ヘタ積リデアリマス。」(〈岩〉Ⅵ、三九二頁)。
(45) 〈法〉Ⅷ、五七六頁。
(46) 「仏教の将来(続)」(〈岩〉Ⅵ)、「宗教と文明」(〈岩〉Ⅱ)、「(「転迷開悟録」)」(七「十月十三日夜青年会談信会に於て」〈岩〉Ⅱ)、「将来之宗教」(〈岩〉Ⅵ)。
(47) 「純正哲学(哲学論)」(「緒論」〈岩〉Ⅲ)、「宗教哲学(真宗大学寮明治二十四年度講義)」(「総論」

〈岩〉Ⅰ)。
(48)「宗教哲学〔真宗大学寮明治二十四年度講義〕」(〈岩〉Ⅰ)、「宗教哲学骸骨講義」(第一章「宗教義解」〈岩〉Ⅰ)、「〔心霊の諸徳〕」(四「克己の心」〈岩〉Ⅶ)、『宗教哲学骸骨』(第二章「有限無限」〈岩〉Ⅰ)。
(49)「信の成立(承第弐巻第参号)」(〈岩〉Ⅵ)、「仏教の効果は消極的なるか」(〈岩〉Ⅵ)、「宗教哲学骸骨講義」(第七章「安心修徳」〈岩〉Ⅰ)、「第三高等中学校仏教青年会演説〔『伝道会雑誌』第二十二号〕」(〈岩〉Ⅶ)。
(50)『宗教哲学骸骨』(第四章「転化論」〈岩〉Ⅰ)、「〔転迷開悟録〕」(九「十月五日徳風会に於て」〈岩〉Ⅱ)、「宗教哲学骸骨講義」(第七章「安心修徳」〈岩〉Ⅰ)。
(51)「〔論理学試稿〕」(緒言第二章「思想之原理」〈岩〉Ⅲ)、「宗教哲学〔真宗大学寮明治二十四年度講義〕」(第一章「宗教義解」〈岩〉Ⅰ)、「他力門哲学骸骨試稿」(五「有限の外に無限あり」〈岩〉Ⅱ)、「精神主義と唯心論」(〈岩〉Ⅵ)。
(52)「〔論理学講義〕」(第二篇命題論「第一章命題種類」〈岩別〉Ⅱ)、「他力門哲学骸骨試稿」(三「有限無限」〈岩〉Ⅱ)、「宗教と道徳の関係」(〈岩〉Ⅱ)。
(53)「宗教哲学〔真宗大学寮明治二十四年度講義〕」(第一章「宗教義解」〈岩〉Ⅰ)、「宗教と道徳との相関」(〈岩〉Ⅵ)、『宗教哲学骸骨』(第一章「宗教と学問」〈岩〉Ⅰ)。
(54)「仏教の効果は消極的なるか」(〈岩〉Ⅵ)、『有限無限録』(三五「人智は薄弱なり」〈岩〉Ⅱ)、「仏教者盍自重乎」(〈岩〉Ⅶ)。
(55)『宗教哲学骸骨』(第二章「有限無限」〈岩〉Ⅰ)、「仏教の効果は消極的なるか」(〈岩〉Ⅵ)、「在床懺悔録」(一三「証とは必至滅度(第十一願成就)とは如何」〈岩〉Ⅱ、「宗教哲学〔真宗大学寮明治二十四年度講義〕」(第五章「善悪応報論」〈岩〉Ⅰ)、「〔宗教哲学初稿〕」(二一「〔霊魂内容論・開発論〕」〈岩〉Ⅰ)。
(56)「空想の実用」(〈岩〉Ⅵ)、「宗教と道徳の関係」(〈岩〉Ⅱ)。

(57)「他力門哲学骸骨試稿」(六「自他力二門」〈岩〉Ⅱ)、「宗教と道徳の関係」(〈岩〉Ⅱ)。

(58)「他力門哲学骸骨試稿」(一〇「開発(活動)」〈岩〉Ⅱ)、「心霊の修養」(五〇「変ずるものは不安を生ず」〈岩〉Ⅶ)、「宗教哲学〔真宗大学寮明治二十四年度講義〕」(第五章「善悪応報論」〈岩〉Ⅰ)、『宗教哲学骸骨』(第三章「霊魂論」〈岩〉Ⅰ)、「〔宗教哲学骸骨初稿〕」(「霊魂開発」〈岩〉Ⅰ)。

(59)『宗教哲学骸骨』(「第四章「転化論」〈岩〉Ⅰ)、「純正哲学(哲学論)」(「終結」〈岩〉Ⅲ)、「〔心理学試稿〕」(四「思想」〈岩〉Ⅲ)、「因果の必然と意志の自由」(〈岩〉Ⅱ)、「宗教哲学〔真宗大学寮明治二十四年度講義〕」(第四章「霊魂滅否論」〈岩〉Ⅰ)。

(60)「在床懺悔録」(「仏陀の存在」〈岩〉Ⅱ)、『宗教哲学骸骨』(第三章「霊魂論」〈岩〉Ⅰ)、「他力門哲学骸骨試稿」(九「自覚の一致」〈岩〉Ⅱ)、「宗教哲学〔真宗大学寮明治二十四年度講義〕」(第四章「霊魂滅否論」〈岩〉Ⅰ)。

(61)「思想開発環」(第二「ヘーゲル氏哲学一節」〈岩〉Ⅱ)、「第三高等中学校生仏教青年会創立一周年賀会演説摘要」(〈岩〉Ⅶ)、「空想の実用」(〈岩〉Ⅵ)、「正信と迷信」(〈岩〉Ⅵ)、「〔御進講覚書〕」(「二」〈岩〉Ⅶ)。

(62)「空想の実用」(〈岩〉Ⅵ)、『宗教哲学骸骨』(第四章「転化論」〈岩〉Ⅰ)。

(63)「遺伝と業感」(〈岩〉Ⅱ)、『宗教哲学骸骨』(第四章「転化論」〈岩〉Ⅰ)、「宗教と道徳の相関(続)」(〈岩〉Ⅵ)。

(64)「因果の必然と意志の自由」(〈岩〉Ⅱ)、『宗教哲学骸骨』(第四章「転化論」〈岩〉Ⅰ)。

(65)「他力門哲学骸骨試稿」(二七「無限の因果」、二八「疑難」〈岩〉Ⅱ)、「保養雑記第二篇」(「二十六日」〈岩〉Ⅷ)、「他力門哲学骸骨試稿」(一五「心霊開発」〈岩〉Ⅱ)、「他力門哲学骸骨試稿」(一〇「開発(活動)」〈岩〉Ⅱ)。

(66)浄土真宗では有限と無限は、元来一体であるとする見方は「機法一体」と言われる。

(67)「他力門哲学骸骨試稿」（一一「補訂」〈岩〉Ⅱ）、「宗教は主観的事実なり」（〈岩〉Ⅵ）。
(68)「真理と宗教」（〈岩〉Ⅲ）、「他力門哲学骸骨試稿」（一一「補訂」〈岩〉Ⅱ）。
(69)「心霊の修養」（三八「活動は必しも進化作用にあらず」〈岩〉Ⅶ）、「宗教哲学〔真宗大学寮明治二十四年度講義〕」（第五章「善悪応報論」〈岩〉Ⅰ）、「在床懺悔録」（八「仏一代四十八年所説其経甚だ多しと聞く　而して無量寿経の外他は皆自力門の経なりとせば仏出世の本懐は自力の開悟を勧むるものにあらずや」〈岩〉Ⅱ）。
(70)「信の成立〔承第弐巻第参号〕」（〈岩〉Ⅵ）、「仏教の効果は消極的なるか」（〈岩〉Ⅵ）、「第三高等中学校仏教青年会演説」（〈岩〉Ⅶ）。
(71)『有限無限録』（二七「道心と人心の争闘」〈岩〉Ⅱ）、『宗教哲学骸骨』（第五章「善悪論」〈岩〉Ⅰ）。
(72)「倫理学」（二「〔倫理教〕」〈岩〉Ⅲ）、「倫理学」（三「真正の道徳」〈岩〉Ⅲ）、『有限無限録』（一六「宗教の効用」〈岩〉Ⅱ）。
(73)「倫理学」（二「〔倫理教〕」〈岩〉Ⅲ）、「心霊の修養」（五六「世間、出世間」〈岩〉Ⅶ）、『宗教哲学骸骨』（第五章「善悪論」〈岩〉Ⅰ）。
(74)「宗教哲学〔真宗大学寮明治二十四年度講義〕」（第九章「離苦得楽論」〈岩〉Ⅰ）、『有限無限録』（七六「道徳ト宗教」〈岩〉Ⅱ）、「法律、道徳、宗教」（〈岩〉Ⅵ）、『宗教哲学骸骨』（第五章「善悪論」〈岩〉Ⅰ）。
(75)「他力門哲学骸骨試稿」（一二「心霊」、一三「智情意」〈岩〉Ⅱ）、「他力門哲学骸骨試稿」（一六「万有心霊」〈岩〉Ⅱ）。
(76)「他力門哲学骸骨試稿」（一六「万有心霊」〈岩〉Ⅱ）、『宗教哲学骸骨』（第三章「霊魂論」〈岩〉Ⅰ）、「〔宗教哲学初稿〕」（一二「〔成仏の因果〕」〈岩〉Ⅰ）。
(77)『宗教哲学骸骨』（第六章「安心修徳」〈岩〉Ⅰ）、「宗教哲学〔真宗大学寮明治二十四年度講義〕」（第七章「安心修徳論」〈岩〉Ⅰ）、「〔宗教哲学初稿〕」（七「安心深義」〈岩〉Ⅰ）。

（78）「〔宗教哲学初稿〕」（二七「〔成仏、報身の悲化、関係の分類〕」〈岩〉Ⅰ）、「〔転迷開悟録〕」（七「十月十三日夜青年会談信会に於て」〈岩〉Ⅱ）、「〔転迷開悟録〕」（二五「廃悪修善」〈岩〉Ⅱ）、『宗教哲学骸骨』（第六章「安心修徳」〈岩〉Ⅰ）。

（79）「〔転迷開悟録〕」（七「十月十三日夜青年会談信会に於て」〈岩〉Ⅱ）、「他力門哲学骸骨試稿」（二五「自力他力」〈岩〉Ⅱ）、「〔宗教哲学初稿〕」（七「安心深義」〈岩〉Ⅰ）。

（80）『宗教哲学骸骨』（第六章「安心修徳」〈岩〉Ⅰ）、「在床懺悔録」（六「誓願の顚末如何」〈岩〉Ⅱ）、「宗教哲学〔真宗大学寮明治二十四年度講義〕」（第七章「安心修徳論」〈岩〉Ⅰ）、「他力門哲学骸骨試稿」（三四「有限の信心〔花開蓮現〕」〈岩〉Ⅱ）。

（81）「破邪顕正談」（〈岩〉Ⅱ）、『有限無限録』（三四「依頼は苦痛の源なり」〈岩〉Ⅱ）。

（82）「心霊の修養」（五一「不安は必ずしも苦痛にあらず」〈岩〉Ⅶ）、「因果必然と意志の自由」（〈岩〉Ⅱ）、「宗教哲学〔真宗大学寮明治二十四年度講義〕」（第七章「安心修徳論」〈岩〉Ⅰ）、「〔宗教哲学初稿〕」（七「安心深義」〈岩〉Ⅰ）、「〔心霊の諸徳〕」（一二「自由の念」〈岩〉Ⅶ）。

（83）「宗教哲学〔真宗大学寮明治二十四年度講義〕」（第八章「今生道義論」〈岩〉Ⅰ）、「個人と社会の関係」（〈岩〉Ⅱ）、「他力門哲学骸骨試稿」（二七「無限の因果」〈岩〉Ⅱ）、「〔御進講覚書〕」（〈岩〉Ⅶ）。

（84）「他力門哲学骸骨試稿」（三〇「願行成就〔無限之因果〕」〈岩〉Ⅱ）、「在床懺悔録」（五「弥陀の弘誓」〈岩〉Ⅱ）、「〔大学第四年度ノート〕」（「善悪」〈岩〉Ⅳ）。

（85）「他力門哲学骸骨試稿」（一七「無限無数」〈岩〉Ⅱ）。

（86）「在床懺悔録」（一三「証トハ必至滅度〔第十一願成就〕トハ如何」〈岩〉Ⅱ）、「他力門哲学骸骨試稿」（二一「無限」〈岩〉Ⅱ）、「在床懺悔録」（五「弥陀の弘誓」〈岩〉Ⅱ）、「在床懺悔録」（六「誓願の顚末如何」〈岩〉Ⅱ）。

（87）「祈禱は迷信の特徴なり」（〈岩〉Ⅵ）、「正信と迷信」（〈岩〉Ⅵ）。

(88)「祈禱は迷信の特徴なり」(〈岩〉Ⅶ)、「〔明治三十六年当用日記(抄)〕」(〈岩〉Ⅷ)。

(89)「在床懺悔録」(四「自力と他力」〈岩〉Ⅱ)、「在床懺悔録」(一八「三信帰一の義略聞を得たり 何故に三信を区別する未審 乞う之を説明せよ」〈岩〉Ⅱ)。

(90)「在床懺悔録」(一七「信とは三信一心(第十八願成就)とは如何」〈岩〉Ⅱ)、「在床懺悔録」(一八「三信帰一の義略聞を得たり 何故に三信を区別する未審 乞う之を説明せよ」〈岩〉Ⅱ)、「学問と宗教との関係」(〈岩別〉Ⅱ)。

(91)「在床懺悔録」(一二「乃至十念の称名念仏とは如何」〈岩〉Ⅱ)、「在床懺悔録」(一四「報恩の経営と往生の行業と符合せざることなきや」〈岩〉Ⅱ)。

(92)「〔宗教哲学骸骨初稿〕」(〔修徳要旨〕〈岩〉Ⅰ)、「在床懺悔録」(一四「報恩の経営と往生の行業と符合せざることなきや」〈岩〉Ⅱ)、『宗教哲学骸骨』(第六章「安心修徳」〈岩〉Ⅰ)。

(93)「善悪に関する質義」(〈岩〉Ⅱ)、「宗教と道徳との相関」(〈岩〉Ⅵ)、「因果の必然と意志の自由」(〈岩〉Ⅱ)。

(94)「安心深義」(〈岩〉Ⅰ)、「破邪顕正談」(〈岩〉Ⅱ)、「宗教哲学骸骨初稿」(〔諸説通会〕〈岩〉Ⅰ)、『臘扇記第一号』(〔二十六日(水)九、十二日〕〈岩〉Ⅷ)、「宗教と文明」(〈岩〉Ⅱ)。

(95)「宗教哲学骸骨講義」(第三章「宗尊体論」〈岩〉Ⅰ)、「宗教哲学講義〔『教学誌』所載〕」(第二章「宗教心論」〈岩〉Ⅰ)、「心霊の修養」(一九「人智は窮極あり」〈岩〉Ⅶ)、『宗教哲学骸骨』(第一章「宗教と学問」〈岩〉Ⅰ)。

(96)「〔大学四年度ノート〕」(六「信と理との関係」〈岩〉Ⅳ)、「真理と宗教」(〈岩〉Ⅲ)、「〔転迷開悟録〕」(一一「破邪顕正談〜講話集原稿」〈岩〉Ⅱ)、「思想開発環」(〈岩〉Ⅱ)、「〔論理学試稿〕」(〔二〕「命題論」第一章「命題の定義及分割」〈岩〉Ⅲ)、「信の成立(承第弐巻第参号)」(〈岩〉Ⅵ)。

(97)「信の成立(承前)」(〈岩〉Ⅵ)、「精神的三要」(〈岩別〉Ⅱ)、「心霊の修養」(一七「信仰と疑惑」〈岩〉

Ⅶ)、「信の成立」(〈岩〉Ⅵ)、「宗教哲学骸骨講義」(第七章「安心修徳」、〈岩〉Ⅰ)。

(98)「信の成立(承第弐巻第参号)」(〈岩〉Ⅵ)、「信教の利益(演説)」(〈岩〉Ⅱ)。

(99)「在床懺悔録」(十九「信と行との関係如何」〈岩〉Ⅱ)、「破邪顕正談」(〈岩〉Ⅱ)、「我は此の如く如来を信ず(我信念)」(〈岩〉Ⅵ)。

(100)「破邪顕正談」〈岩〉Ⅱ)、「他力門哲学骸骨試稿」(一五「心霊開発」〈岩〉Ⅱ)。

(101)「宗教と道徳との相関」(〈岩〉Ⅵ)、「宗教哲学講義〔『教学誌』所載〕」(第三章「宗尊体論」〈岩〉Ⅰ)。

(102)「真理と宗教」(〈岩〉Ⅲ)、「科学と宗教」(〈岩〉Ⅵ)。

(103)「正信と迷信」(〈岩〉Ⅵ)、「内観主義」(〈岩〉Ⅵ)。

(104)「信仰問答(一節)」(〈岩〉Ⅵ)、「正信と迷信」(〈岩〉Ⅵ)。

(105)「〔転迷開悟録〕」(二二「十一月廿日晩青年談信会にて」〈岩〉Ⅱ)、「〔転迷開悟録〕」(二六「苦楽」〈岩〉Ⅱ)。

(106)「〔転迷開悟録〕」(二二「十一月廿日晩青年談信会にて」〈岩〉Ⅱ)、「信の成立(承前)」(〈岩〉Ⅵ)。

(107)「宗教は主観的事実なり」(〈岩〉Ⅵ)、「他力門哲学骸骨試稿」(二一「無限」〈岩〉Ⅱ)、「宗教哲学講義〔『教学誌』所載〕」(第三章「宗尊体論」〈岩〉Ⅰ)、「浄土真宗信心要義」(〈岩〉Ⅱ)。

(108)「在床懺悔録」(二一「信心の重要なること略聞くを得たり　然るに茲に一疑あり　悪逆の凡夫が獲信の一念に往生業事を成弁すると云うは豈甚だ怪事ならずや　若し果して然ることあらんか　是れ全く因果の理法に背反するものにあらずや」〈岩〉Ⅱ)。

(109)「〔真理には広狭大小あることなし〕」(〈岩〉Ⅱ)、「真理と宗教」(〈岩〉Ⅲ)。

(110)「宗教哲学骸骨講義」(第七章「安心修徳」〈岩〉Ⅰ)、「宗教哲学講義〔『教学誌』所載〕」(第三章「宗尊体論」〈岩〉Ⅰ)、「心機の発展」(〈岩〉Ⅵ)。

(111)「在床懺悔録」(一九「信と行との関係如何」、二〇「四法の建立にも教行信証と行を先にし信を後にし今の和讃にも称名を先に出し信心を後に属す　是れ豈仏法の通軌信行証の次第に違うにあらずや　将又格別の由あるか」〈岩〉Ⅱ）。

(112)「在床懺悔録」（一〇「行とは南無阿弥陀仏（十七願成就）とは如何」、二〇「四法の建立にも教行信証と行を先にし信を後にし今の和讃にも称名を先に出し信心を後に属す　是れ豈仏法の通軌信行証の次第に違うにあらずや　将又格別の由あるか」〈岩〉Ⅱ）、「他力門哲学骸骨試稿」（一〇「開発（活動）」、二九「無限之因果」〈岩〉Ⅱ）。

(113)「他力門哲学骸骨試稿」（二三「自利利他及方便の必然」、二六「方便」〈岩〉Ⅱ）。

(114)「他力門哲学骸骨試稿」（二六「方便」〈岩〉Ⅱ）。

(115)「宗教哲学〔真宗大学寮明治二十四年度講義〕」（第三章「宗尊体論」〈岩〉Ⅰ）、「宗教哲学講義〔『教学誌』所載〕」（第三章「宗尊体論」〈岩〉Ⅰ）、「〔転迷開悟録〕」（七「十月十三日夜青年会談信会に於て」〈岩〉Ⅱ）、「在床懺悔録」（一八「三信帰一の義略聞を得たり　何故に三信を区別するや未審　乞う之を説明せよ」〈岩〉Ⅱ）、「他力門哲学骸骨試稿」（四〇「転迷開悟」〈岩〉Ⅱ）。

(116)「法話」（〈岩〉Ⅶ）、「〔宗教哲学初稿〕」（七「安心深義」〈岩〉Ⅰ）。

(117)「破邪顕正談」（〈岩〉Ⅱ）。

(118)「他力門哲学骸骨試稿」（三七「煩悩」〈岩〉Ⅱ）、「破邪顕正談」（〈岩〉Ⅱ）、「在床懺悔録」（二十一「信心の重要なること略聞くを得たり　然るに茲に一疑あり　悪逆の凡夫が獲信の一念に往生業事を成弁すると云うは豈甚だ怪事ならずや　若し果して然ることあらんか　是れ全く因果の理法に背反するものにあらずや」〈岩〉Ⅱ）。

(119)「在床懺悔録」（六「誓願の顛末如何」〈岩〉Ⅱ）、「在床懺悔録」（二三「証とは必至滅度（第十一願成就）とは如何」〈岩〉Ⅱ）。

(120)「在床懺悔録」（七「十月十三日夜青年会談信会に於て」〈岩〉Ⅱ）、「在床懺悔録」（二三「証とは必至滅度（第十一願成就）とは如何」〈岩〉Ⅱ）。
(121)「保養雑記第二篇」（二十八日」〈岩〉Ⅷ）、「在床懺悔録」（二三「証とは必至滅度（第十一願成就）とは如何」〈岩〉Ⅱ）、「他力門哲学骸骨試稿」（二六「方便」〈岩〉Ⅱ）。
(122)「在床懺悔録」（一五「報恩の経営は不断相続するものなるや　将間歇的のものなるや」〈岩〉Ⅱ）、「書簡」（一一九「一月二十五日人見忠次郎宛」、一二〇「二月一日稲葉昌丸宛」〈岩〉Ⅸ）、「我は此の如く如来を信ず（我信念）」〈岩〉Ⅵ）。
(123)「真正の独立」（〈岩〉Ⅵ）、「心霊の修養」（五八「解脱」〈岩〉Ⅶ）、「在床懺悔録」（二三「証とは必至滅度（第十一願成就）とは如何」〈岩〉Ⅱ）、「他力門哲学骸骨試稿」（四三「正定不退」〈岩〉Ⅱ）。
(124)「在床懺悔録」（二十一「信心の重要なること略聞くを得たり　然るに茲に一疑あり　悪逆の凡夫が獲信の一念に往生業事を成弁すると云うは豈甚だ怪事ならずや　若し果して然ることあらんか　是れ全く因果の理法に背反するものにあらずや」〈岩〉Ⅱ）、「在床懺悔録」（二三「証とは必至滅度（第十一願成就）とは如何」〈岩〉Ⅱ）、「黄金世界」（〈岩〉Ⅱ）。
(125)「仏教の効果は消極的なるか」（〈岩〉Ⅵ）、「〔転迷開悟録〕」（三「無我主義は公共主義なり」〈岩〉Ⅱ）、「生活問題」（〈岩〉Ⅵ）、「宗教哲学骸骨講義」（第七章「安心修徳」〈岩〉Ⅰ）。
(126)「迷悶者の安慰」（〈岩〉Ⅵ）、「〔宗教要旨〕」（〈岩〉Ⅲ）、「宗教と道徳」（〈岩〉Ⅶ）、「宗教と道徳との相関（続）」（〈岩〉Ⅵ）、「仏教の効果は消極的なるか」（〈岩〉Ⅵ）。
(127)「宗教的道徳（俗諦）と普通道徳との交渉」（〈岩〉Ⅵ）。
(128)注（127）に同じ。
(129)「宗教哲学〔真宗大学寮明治二十四年度講義〕」（第八章「今生道義論」〈岩〉Ⅰ）、「吾教界の教育家に警告す」（〈岩〉Ⅶ）、「〔転迷開悟録〕」（三「無我主義は公共主義なり」〈岩〉Ⅱ）、『有限無限録』（五九「公の為にせよ」～七〇「公共心は不動心たるを観ずべし」〈岩〉Ⅱ）、「他力門哲学骸骨試稿」（一「宗教」〈岩〉Ⅱ)。
(130)「宗教哲学〔真宗大学寮明治二十四年度講義〕」(「総論」〈岩〉Ⅰ)、「吾教界の教育家に警告す」(〈岩〉Ⅶ)、「倫理以上の根拠」(〈岩〉Ⅵ)、『有限無限録』(六六「公共の為にするものは我を別立せず」〈岩〉Ⅱ)、「空想の実用」(〈岩〉Ⅵ)、『有限無限録』(三五「人智は薄弱なり」、三六「学理の成立」〈岩〉Ⅱ)、「宗教的道徳(俗諦)と普通道徳との交渉」(〈岩〉Ⅵ)。
(131)「精神主義〔明治三十四年講話〕」(「第二回」〈岩〉Ⅵ)、「将来之宗教」(〈岩〉Ⅵ)、『臘扇記第二号』(「明治三十一年十一月十九日起」〈岩〉Ⅷ)、「生活問題」(〈岩〉Ⅵ)、「生死巌頭」(〈岩〉Ⅵ)。
(132)「生活問題」(〈岩〉Ⅵ)、「倫理以上の根拠」(〈岩〉Ⅵ)、「六花翩々」(〈岩〉Ⅷ)、「転迷開悟録」(〔三〇〕(八)「社会主義」〈岩〉Ⅱ)、『臘扇記第二号』(「人生の目的」〈岩〉Ⅷ)。
(133)「楽土論」(〈岩〉Ⅱ)、「他力門哲学骸骨試稿」(「無限之因果」〈岩〉Ⅱ)。
(134)『有限無限録』(七六「道徳と宗教」〈岩〉Ⅱ)、『有限無限録』(三四「依頼は苦痛の源なり」〈岩〉Ⅱ)、「公徳問題の基礎」(〈岩〉Ⅵ)、「他力門哲学骸骨試稿」(四四「信後行業」〈岩〉Ⅱ)、「宗教哲学骸骨講義」(第四章「霊魂論」〈岩〉Ⅰ)。
(135)「因果の必然と意志の自由」(〈岩〉Ⅱ)、「精神主義〔明治三十四年講話〕」(「第三回」〈岩〉Ⅵ)。
(136)「宗教的道徳(俗諦)と普通道徳との交渉」(〈岩〉Ⅵ)、「精神主義〔明治三十四年講話〕」(「第四回」〈岩〉Ⅵ)、「倫理以上の安慰」(〈岩〉Ⅵ)。
(137)「科学と宗教」(〈岩〉Ⅵ)、「精神主義」(〈岩〉Ⅵ)、「精神主義と共同作用」(〈岩〉Ⅵ)、「啓成の原基」(〈岩別〉Ⅱ)。
(138)「精神主義と三世」(〈岩〉Ⅵ)、「精神主義と他力」(〈岩〉Ⅵ)、「序言〔『静観録』〕」(〈岩〉Ⅵ)。
(139)「宗教哲学〔真宗大学寮明治二十四年度講義〕」(第七章「安心修徳論」〈岩〉Ⅰ)、「ソクラテスに就きて」(〈岩〉Ⅶ)、「我は此の如く如来を信ず(我信念)」(〈岩〉Ⅵ)、「〔心霊の諸徳〕」(八「忍辱の心」〈岩〉

Ⅶ)、「〔真宗大学移転開校の辞〕」(〈岩〉Ⅶ)。

(140)「ソクラテスに就きて」(〈岩〉Ⅶ)、「某年十一月十六日　石川吉治宛」(〈岩〉Ⅶ)、「精神的三要」(〈岩別〉Ⅱ)、「開発と真理」(〈岩別〉Ⅱ)。

(141)「〔転迷開悟録〕」(七「十月十三日夜青年会談信会に於て」(〈岩〉Ⅱ)、「精神主義と他力」(〈岩〉Ⅵ)。

(142)『臘扇記第一号』(「二十四日(月)九、十日」(〈岩〉Ⅷ)、「精神主義〔明治三十四年講話〕」(「第四回」〈岩〉Ⅵ)、「精神主義」(〈岩〉Ⅵ)、「在床懺悔録」(二二「獲信の段落によりて如何なる風光かある」〈岩〉Ⅱ)、「他力門哲学骸骨試稿」(四五「信後風光」〈岩〉Ⅱ)。

(143)多田鼎「願はくば我が昨非を語らしめよ」(〈精〉XIV‐XI)。

(144)暁烏敏「清沢先生へ」(〈暁〉XII、二六二頁)。

(145)同、八頁。

(146)「清沢満之ほど知名度の薄い、それでいて、これほど重要な人物は、ちょっといないのじゃないでしょうか」(橋本峰雄・司馬遼太郎「哲学と宗教の谷間で」(『司馬遼太郎対話選集〈八〉——宗教と日本人』、文春文庫、二〇〇六年、七六頁)。

(147)「清沢満之と明治の知識人」(『司馬遼太郎歴史歓談Ⅱ 二十世紀末の闇と光』、中央公論新社、二〇〇四年、一七五～一七六頁)。

(148)「精神と霊性——仏教近代化の二典型」(橋本峰雄責任編訳『日本の名著〈四三〉』、中央公論社、一九七〇年、八一九頁)。

(149)暁烏敏『清沢先生の信仰「我信念」』(無我山房、一九〇九年、二七四頁)。

(150)同、二四七頁。

(151)「宗教的信仰の必須条件」(〈岩〉Ⅵ)七九頁。

(152)「当用日記(抄)」(〈岩〉Ⅷ)四四一～四四二頁。

(153)「先師と清沢師」(『毎田周一全集〈七〉』、毎田周一全集刊行会、一九七〇年、四〇三頁)。

(154)「精神主義と性情」(〈精〉I-XII)。

(155)一九三九(昭和十四)年に、暁烏敏の編著で出版されている『清沢満之先生の文と人』(大東出版社)の巻末に収められている「著作講演年表」には、法藏館版の全集や岩波書店版の全集には記述のない二本の文章(「心機の発展」および「仏による勇気」)について「暁烏執筆」と明記されていることが確認できる。

(156)「獅子奮迅三昧」(〈精〉II-XII)。

(157)上田久『祖父西田幾多郎』(南窓社、一九七八年、一六四頁)。

(158)西田と稲葉の山口での交流については、拙著『清沢満之と日本近現代思想——自力の呪縛から他力思想へ』(明石書店、二〇一四年)の第三章「清沢満之のインパクト」で詳しく論じた。

(159)その他の異同については、拙著『「精神主義」は誰の思想か』(法藏館、二〇一一年)の第二章「雑誌『精神界』所収論文を検証する」を参照していただきたい。

(160)なお、「我信念」の原稿が、暁烏敏宛に送付されたことは確かなようだが、この改変が暁烏によってなされたと言い切れるほど十分な証拠はないことは断っておく。

(161)長谷川徹『哲学する漱石——天と私のあわいを生きる』(春秋社、二〇二一年、三頁)。

(162)このシンポジウムには著者も聴講者として参加しているが、当シンポでの子安の報告の概要は七年後に出版されている『歎異抄の近代』(白澤社、二〇一四年)の第一章に見ることができる。

(163)清沢が『歎異抄』を『阿含経』と『エピクテタス語録』とともに、「余の三部経」の一冊と愛玩していたとされているにもかかわらず、実際、清沢によって書き残されたもののなかに『歎異抄』への言及はほとんど見られない。

(164)中島岳志『親鸞と日本主義』(新潮選書、二〇一七年、二七五〜二七六頁)。

(165) 名和達宣は「京都学派と親鸞思想」(大谷栄一、菊地暁、永岡崇編著『日本宗教史のキーワード――近代主義を超えて』(慶應義塾大学出版会、二〇一八年)のなかで、親鸞思想には全体主義的な日本主義と結びつきやすい構造があるとする中島の問題提起について、挙げられている事例のほとんどが、「『歎異抄』の近代」の範疇にとどまるように映ると指摘したうえで、この課題は、今後「『教行信証』の近代」へと射程を広げていく必要がある(三八四頁)と述べている。

あとがき

先生に死なれた。二〇二三年九月三十日のことである。私の人生で固有名詞抜きに「先生」と呼べる人は、竹内整一先生（東京大学名誉教授）ただ一人である。いつものように床に就かれた先生は、そのまま帰らぬ人となった。現役のまま、唐突にその生涯を閉じられた。

一般向けに清沢満之の生涯の思想を通観できる本を書きたいという私の数年来の意を汲んで、筑摩書房との縁をつないでくださったのは、ほかならぬ先生であった。以来先生は、今か今かと、出版を心待ちにされていた。二〇二三年の春に、私がようやく原稿を書き上げたことを先生に報告したとき、「山本の本が出たらみんなで書評会をやろう」と言われた先生の言葉は、生涯忘れることはない。だが、その言葉はついに果たされることのないまま、先生は「みんな」を置いて一人で逝かれた。

いつか必ず清沢の思想の全体を見渡せる一書を世に出したいと、私が強く願うようになったのも、先生の言葉に触発されてのことである。先生も、清沢哲学を概観できるような本（研究書）が出るのを待ち望んでいた一人であった。先生は、「精神主義」の良い所だけを切り取って清沢の思想を論じる人はいても、生涯の思想を整合的に論じた著作の類が世に出ていないのは、清沢の思想が難解すぎてまともに向き合える研究者がいないからだといったようなことを、二〇一一年以前には、よく口にされていたものである。

私がかつて清沢満之が学長を務めた大谷大学に論文を提出して学位を授与された『「精神主義」は誰の思想か』（法藏館）が出版されたのは、二〇一一年のことである。この本の中で私は、従来、清沢晩年の思想の精華とされてきた「精神主義」には、随所に第三者の思想が紛れ込んでいること、そしてそのことが清沢生涯の思想を一貫したものとして語ることを困難にしてきた最大の要因であることを指摘した。以来、清沢の思想活動の全体を見通せるものを書き上げることは、是が非でも果たさなければならない私にとっての大きな課題であり続けた。

清沢満之の宗教思想の全体像を、できるだけ簡明に、入門者にも読めるかたちで一冊の本にまとめたいといという意気込みで開始された執筆作業は、想像をはるかに超えて困難に困難を極め、先生の口利きで本書の企画が採用されてから、五年以上もの月日が経過した。本来であれば、本書はとうの昔に世に出ていなければならなかった。なのに、遅々として進まぬ筆のせいで先生に読んでもらうことが叶わなかったのは、痛恨の極みである。この間、ただただ先生に読んでもらいたい、先生の講評が聞きたいという一心で、私はこの本を書き続けていたのである。

先生としては、自分のために書いてほしいなどとは少しも思ってはおられなかったに違いない。亡くなる間際まで先生が精力を注ぎ、切に願っておられたことは、日本に培われてきた知恵の鉱脈を掘り当てて、その命を賦活することであった。その意味で、先生の仕事の宛先は、常に不特定多数の人びと、また未来の世代に向けられていたのである。先生にこの本を届けられなかったことは残念でならない。けれども、学者としての先生の願いが、特定の個人に向けられたものでなかったとすれば、本書が一人でも多くの人に読んでもらえることこそが、私の本懐と言わなければならない。

私は確かに、この本の執筆にかつてないほど多くの時間と労力を費やした。内容がどう評価されるかについては、もとより読者諸氏に委ねるほかないのだが、私としては書き上げたことに、正直満足を感じている。しかし、その程度のことで満足していては、先生に怒られるであろう。会者定離は世の定めである。無常の風がいつ我が身に吹きつけるかは、誰にもわからない。先生は、七十七年の人生を最後まで全力で駆け抜けられた。私も、命ある限り全力で駆け続けたいと思う。

最後に、いつまでも原稿を出さない不肖の私に文句のひとつも口にせず、寛容な心で決定稿の提出を待ち続けてくれた、筑摩書房第三編集室の北村善洋さんに、この場を借りて深く感謝申し上げたい。先生の告別式で、北村さんにお会いしたとき、「竹内先生は山本さんの本のことを、いつも気にかけてくださっていた」と聞かされて、改めて師の恩に報いたい、報いなければという強い思いに駆られた。私は今、このあとがきを、そのこみ上げる思いにまかせて書いている。選書のあとがきに似つかわしくない、いささか感傷的な内容になってしまったことをお許しいただきたい。

山本伸裕（やまもと・のぶひろ）

一九六九年生まれ。東京大学文学部倫理学科卒業。東洋大学大学院文学研究科仏教学専攻博士後期課程単位取得退学。博士（文学、大谷大学）。東京医療保健大学大学院医療保健学研究科准教授。専門は日本倫理思想史、生命倫理学、インド大乗仏教。著書に『「精神主義」は誰の思想か』（法藏館）、『他力の思想』『日本人のものの見方』（ともに、青灯社）、『清沢満之と日本近現代思想』（明石書店）など、校注書に『清沢満之集』（岩波文庫）がある。

筑摩選書 0297

清沢満之《きよざわまんし》の宗教哲学《しゅうきょうてつがく》

二〇二五年二月一五日　初版第一刷発行

著者　山本伸裕《やまもとのぶひろ》

発行者　増田健史

発行所　株式会社筑摩書房
東京都台東区蔵前二-五-三　郵便番号 一一一-八七五五
電話番号　〇三-五六八七-二六〇一（代表）

装幀者　神田昇和

印刷 製本　中央精版印刷株式会社

ISBN978-4-480-01813-7 C0310

筑摩選書
0014

瞬間を生きる哲学
〈今ここ〉に佇む技法

古東哲明

私たちは、いつも先のことばかり考えて生きている。だが、本当に大切なのは、今この瞬間の充溢なのではないだろうか。刹那に存在のかがやきを見出す哲学。

筑摩選書
0035

生老病死の図像学
仏教説話画を読む

加須屋誠

仏教の教理を絵で伝える説話画をイコノロジーの手法で読み解くと、中世日本人の死生観が浮かび上がる。生活史・民俗史をも視野に入れた日本美術史の画期的論考。

筑摩選書
0070

社会心理学講義
〈閉ざされた社会〉と〈開かれた社会〉

小坂井敏晶

社会心理学とはどのような学問なのか。本書では、社会を支える「同一性と変化」の原理を軸にこの学の発想と意義を伝える。人間理解への示唆に満ちた渾身の講義。

筑摩選書
0071

一神教の起源
旧約聖書の「神」はどこから来たのか

山我哲雄

ヤハウェのみを神とし、他の神を否定する唯一神観。この観念が、古代イスラエルにおいていかにして生じたのかを、信仰上の「革命」として鮮やかに描き出す。

筑摩選書
0082

江戸の朱子学

土田健次郎

江戸時代において朱子学が果たした機能とは何だったのか。この学の骨格から近代化の問題まで、思想界に与えたインパクトを再検討し、従来的イメージを刷新する。

筑摩選書
0088

傍らにあること
老いと介護の倫理学

池上哲司

老いを生きるとはどういうことか。きわめて理不尽であり、また現代的である老いの問題を、「ひとのあり方」という根本的なテーマに立ち返って考える思索の書。

筑摩選書
0106

現象学という思考
〈自明なもの〉の知へ

田口茂

日常における〈自明なもの〉を精査し、我々の経験の構造を浮き彫りにする営為――現象学。その尽きせぬ魅力と射程を粘り強い思考とともに伝える新しい入門書。

筑摩選書
0111

柄谷行人論
〈他者〉のゆくえ

小林敏明

犀利な文芸批評から始まり、やがて共同体間の「交換」を問うに至った思想家・柄谷行人。その中心にあるものは何か。今はじめて思想の全貌が解き明かされる。

筑摩選書
0119

民を殺す国・日本
足尾鉱毒事件からフクシマへ

大庭健

フクシマも足尾鉱毒事件も、この国の「構造的な無責任」体制＝国家教によってもたらされた――。その乗り越えには何が必要なのか。倫理学者による迫真の書！

筑摩選書
0141

「働く青年」と教養の戦後史
「人生雑誌」と読者のゆくえ

福間良明

経済的な理由で進学を断念し、仕事に就いた若者たち。知的世界への憧れと反発。孤独な彼ら彼女らを支え、結びつけた昭和の「人生雑誌」。その盛衰を描き出す！

筑摩選書
0146

帝国軍人の弁明
エリート軍人の自伝・回想録を読む

保阪正康

昭和陸軍の軍人たちは何を考え、どう行動し、それを後世にどう書き残したか。当事者自身の筆による自伝・回想・証言を、多面的に検証しながら読み解く試み。

筑摩選書
0149

文明としての徳川日本
一六〇三―一八五三年

芳賀徹

「徳川の平和」はどのような文化的達成を成し遂げたのか。琳派から本草学、蕪村、芭蕉を経て白石や玄白、源内、崋山まで、比較文化史の第一人者が縦横に物語る。

筑摩選書 0188

徳川の幕末
人材と政局

松浦 玲

幕末維新の政局中、徳川幕府は常に大きな存在であった。それぞれの幕臣たちが、歴史のどの場面で、どのような役割を果たしたのか。綿密な考証に基づいて描く。

筑摩選書 0192

アジア主義全史

嵯峨 隆

アジア諸国と連帯して西洋列強からのアジア解放を目指したアジア主義。その江戸時代から現在までの全史をたどりつつ、今後のアジア共生に向けて再評価する試み。

筑摩選書 0216

連帯論
分かち合いの論理と倫理

馬渕浩二

〈連帯〉という言葉はすでに有効性を失っているのだろうか――。思想史的検討を経て、連帯が人間の基本構造であることを提示し、言葉の彫琢を試みた初の論考。

筑摩選書 0221

教養としての写真全史

鳥原 学

メディアとともに写真の役割は変化し続けている。記録として出発した写真が次第に報道・広告へと役割を広げ、芸術の一ジャンルへと進化した道筋をたどる。

筑摩選書 0225

資本主義・デモクラシー・エコロジー
危機の時代の「突破口」を求めて

千葉 眞

多くの国で自由民主主義の制度が機能不全に陥っていると指摘されている。新自由主義が席巻し、気候危機が深刻化する中で突破口を求めて思索を深めた渾身作！

筑摩選書 0231

「天下の大勢」の政治思想史
頼山陽から丸山眞男への航跡

濱野靖一郎

丸山眞男が言う日本人の「勢い」の意識とは何か。頼山陽、阿部正弘、堀田正睦、勝海舟、木戸孝允、徳富蘇峰の天下の大勢をめぐる思想から日本近代史を読み直す。

筑摩選書 0250

丸山眞男と加藤周一

知識人の自己形成

山辺春彦　鷲巣力／東京女子大学丸山眞男記念比較思想研究センター　東京女子大学丸山眞男記念比較思想研究センター 監修

戦後日本を代表する知識人はいかにして生まれたのか？出生から敗戦まで、豊富な資料とともに二人の自己形成過程を比較対照し、その思想の起源と本質に迫る。

筑摩選書 0254

日本政教関係史

宗教と政治の一五〇年

小川原正道

統一教会問題でも注目を集めている政治と宗教の関係の変遷を、近現代の様々な事例をもとに検証。信教の自由と政教分離の間で揺れ動く政教問題の本質に迫る。

筑摩選書 0272

日本思想史と現在

渡辺 浩

過去にどのようなことがあったために、いま私たちはこのように感じ、思い、考えるのか。碩学による「日本」をめぐる長年の思想史探究を集成した珠玉の小文集。

筑摩選書 0275

日本と西欧の五〇〇年史

西尾幹二

西欧世界とアメリカの世界進出は、いかに進んだのか。戦争五〇〇年史を遡及し、近代史の見取り図から見逃されてきたアジア、分けても日本の歴史を詳らかにする。

筑摩選書 0285

戦場のカント

加害の自覚と永遠平和

石川 求

加害の自覚とは何か――。撫順戦犯管理所やアウシュヴィッツ収容所が人々に刻んだ体験は、人が人を赦すことの意味を峻烈に問う。人間の根底に迫った哲学的考察。

筑摩選書 0289

天皇たちの寺社戦略

法隆寺・薬師寺・伊勢神宮にみる三極構造

武澤秀一

古代の天皇が建立した社寺建築は血統を可視化したものだった。法隆寺・薬師寺・伊勢神宮の伽藍配置の三極構造に秘められた天智・天武・持統天皇らの戦略を探る。